숲, 나를 그리다

김종대 제3시문집
숲, 나를 그리다

2024년 12월 3일 초판 1쇄 발행

지은이 | 김종대
펴낸이 | 김종인
펴낸곳 | 도서출판 메타
출판신고 2022년 12월 28일 제2022-000148호
주소 13486 경기도 성남시 분당구 판교로 253
　　　판교 이노밸리 B동 102호(삼평동)
전화 (031)717-1403
홈페이지 www.meta-mungak.org

ⓒ 김종대 2024

ISBN 979-11-987586-9-9 03810

※ 이 책의 저작권은 저자에게 있으며 출판권은 도서출판 메타에 있습니다.
※ 이 책의 전부 또는 일부를 이용하시려면 저작권자와 도서출판 메타의 동의를
　 받아야 합니다.
※ 책값은 뒤표지에 있습니다. 잘못된 책은 바꾸어 드립니다.

김종대 제3시문집

숲, 나를 그리다

김소월 평전 연구 비평

도서출판 메타

시인의 말

문학은 나를 사랑하는 학문입니다.
문학은 생각의 정원을 가꾸게 합니다.
사람의 마음을 풍요롭게 가꿀 수도 있고
야생의 들판에 버려둘 수도 있습니다.

아름다운 인성의 향기가 그리운 시대에
무엇을 심고 거두어야 하는 것일까?
나에게 가는 길이 가장 멀다고 했습니다.
숲에 들면 들리지 않던 세상 소리가 들리고
보이지 않던 내가 보입니다.

민족시인 김소월 전기와 학설을 조명하여
연구 비평을 수록하였습니다.

2024년 12월 3일
저자 김종대

차례

시인의 말 … 5

제1부 여운

백두대간 연가 … 13
수련(睡蓮) … 16
숲속의 아침 … 18
바람의 전언 … 20
마음에 피는 꽃 … 22
눈꽃열차 … 24
선인봉 소나무 … 26
역사의 숨결은 살아 있다 … 28
아득한 길 … 30
네잎 클로버 … 32
바위 섬 … 34
님은 누구의 명령으로 잠들었는 … 36

제2부 숲속의 숨비소리

꽃 모종 … 41
봄 편지 … 42
봄날의 단상 … 44
벚꽃 오선지 … 46
오월의 향기 … 48
달빛 강 … 50
찔레꽃 아버지 … 52
비 오는 날의 단상 … 54
어머니 … 55
감꽃 필 무렵 … 56
달항아리 … 57
토담의 수채화 … 58

제3부 은유의 노래

은유의 노래 … 63

가을 장독대 … 64

낙조 … 66

가을이 오는 소리 … 68

지금 내 마음 … 70

억새 … 72

소록도 … 74

묵상 … 76

천상의 친구에게(弔詩) … 78

당산 느티나무 … 80

소록도의 기도 … 82

맷돌 … 83

인생 터널 … 84

제4부 옛길

겨울 홍시 … 89

옛길 … 90

소래 포구 … 92

선창 … 94

흔적 … 96

그림자 … 98

어제가 되어버린 오늘 … 100

포장마차 … 102

5일 장터 … 104

우리 사랑 여기에 … 106

향우회 … 108

연풍초교 100년사 … 110

제5부 평론

김소월 평전(연구 비평) … 115
인문학 성찰(省察)이 명품인간을 만든다 … 131
문학을 통한 남북교류는 가능한가 … 137
문학을 통한 심리상담과 대체요법 … 152

서평 김관식 … 166
자연(숲)에 투사해 그린 자화상

제1부
여운

백두대간 연가

안개 걷힌 산정이 얼굴을 내밀고
청잣빛 하늘이 열리는 숲속에
백두대간 넘어오는
한 사내의 거친 숨소리 들리는가

바람이 열어준 길을 따라
정선 아라리 굽이 돌아 가슴에 젖고
동강의 날숨은 나의 들숨에
햇빛과 바람은 샘물처럼 맑고 달구나

노송의 현을 켜는 솔바람
산에 오르면 산이 되고
강가에 서면 강물이 되어
나는 깨어난다

청아한 산새 소리 나뭇가지에 걸려있고
계곡물은 소리치며 물보라 날리는데

이화령 넘어가는 부전나비의 날갯짓
이토록 깊은 생명의 환희가
여기에 있었구나

내 안을 깨우는 산하여
나를 품어주는 산빛. 물빛이여
대관령 척추를 업고 달려온
뜨거운 사랑 하나가
오늘밤도 월정사에서 잠들지 못한다

구름을 이고 물소리를 베고
반도의 숨결 심연에 솟아
이 강산 푸른 꿈을 노래하며 흘러가리라

시작 노트 ♣

숲에 들면 내가 보인다.
숲의 날숨이 나의 들숨에
들리지 않던 세상의 소리가 들리고
잠에서 깨어난 영롱한 이슬방울에
우주가 되살아난다.

몸은 초록으로 물들어 가며
생명으로 가득 차 있는 무위자연은
내게 스승이고 노스탤지어다.

수련(睡蓮)

바람이 머문
호젓한 연못에

푸른 치맛단 펼치고
물의 요정이 꽃으로 피었는가

달빛 그리움 빚어
찬연히 피운 순결한 매무새는

천상의 시간을 여는 아리아
속계와 선계를 잇는 몽환화

단아한 봉오리 사무친 정한(情恨)은
어느 가슴 간절한 등불이런가

시작 노트 ♣

산사의 풍경소리 들려오는 호젓한 연못에 소금쟁이들이
뒷발질로 부채살 파문을 일으키며
물방개는 햇살이 머무는 수련 잎에서 낮잠을 자는
청개구리에게 연신 장난을 건다.

수련의 꽃말은 청순함이며 신비, 결백이다.
박꽃과 달맞이꽃은 밤에만 피고
수련은 한낮에만 핀다.
수련! 얼마나 잠이 많으면 수련(睡蓮)이라 했을까.

숲속의 아침

산사의 풍경소리
저 홀로 울리누나

휘파람새는
숲속의 음반인 양
제 목소리를
나뭇가지에 올려두고

솔잎은 현을 켜며
바람의 노래 부른다

숲의 날숨이 나의 들숨에
보이는 것과 들리는 것은
자연의 숨결 생명의 소리

바위 등을 타고 흐르는
계곡 물소리에
목마른 영혼이 젖는다

시작 노트 ♣

숲에서는 돈이나 벼슬이 필요가 없다.
누구나 마음의 여유와 위로를 받을 수 있는
피안의 길이다.
휘파람새는 숲속이 음반인 양
세레나데를 윤창하고
스쳐가는 바람은 솔잎에 현을 켜고 있다.
숲속의 숨비소리, 그것은 태초의 소리였고
생명의 소리였다.
자연은 내게 로망이고 친구가 되곤 했다.

바람의 전언

바람 부는 날
허기진 기억을 채우며
걷고 또 걷는다

지울 수 없는 흔적
온몸은 송알거렸고
조심스럽게 한 올 떼어 보지만
다하지 못한 그리움이 머물러 있다

잠시 숨을 고른다
짙게 배어나는 에스프레소
내안에 나를 풀어 헹군다

5월의 오후
시간은 발길에 머물고
달고 쓴 향미는 은유중이다

누가 잃어버린 것일까

유성처럼 스친 하늘가
머문 것은 순간이라는 걸
바람이 전한다

시작 노트 ♣

세상은 사는 대로 살아가는 것이 아니다.
자신이 어떤 존재로 살아가고 있는지
내적 질서와 기준이 없으면
가치관 부재에 정체성을 잃는다.
준비하는 자에게 기회는 오고
작은 만남이 인생을 바꾼다.

마음에 피는 꽃

한시절 향기롭던 봄은
갈색 그리움만 남기고
어디쯤 가고 있을까

세월을 마중 나온 자화상에
그리움은 사랑인 걸 알았습니다

흔들리는 삶이 위로받고 싶은 날
내 안의 못 다한 이야기는
화선지 묵향으로 번져 갑니다

그대는 어느 은하에서 오는지
봉선화 꽃물 향기로
가을날이 길어도 좋겠습니다

그리움은
비어있는 마음을 채워 주는 것
사랑의 꽃은 마음속에 피어납니다

시작 노트 ♣

한때는 Greatest Love of All '가장 위대한 사랑'
노래를 좋아했다.
"자신을 사랑하기"라고 한다.
나를 사랑해야 모든 걸 사랑 할 수 있다.
영혼의 텃밭에는 잊어버린 사랑과
아직은 남아 있을 사랑을 위해
다시 돌아올 꿈을 간직하며 자신의 삶을 사랑하라.
사려 깊게 열망 앞에서는 겸허해지라.
불평쟁이는 낙원에서도 불평을 한다.

눈꽃열차

나는 가고 있다
바퀴 굴러가는 소리에
향수 실은 리듬을 타고

목젖에 걸린 기적(汽笛)은
침묵의 강을 건너
설원의 날줄을 그어간다

녹슨 레일에
시간의 흔적은 강물 따라
끝나지 않은 이야기로 흘러가고

눈발에 흩어지는 건 그리움이다

어딘가 남아 있을
기억 한 조각
세월이 가는 것은
추억으로 오는 것이런가

시작 노트 ♣

눈보라가 날리는 차창 밖,
돌아오지 않는 사람을 기다리다
떠나는 경춘선 기차는
빛바랜 추억만 간직한 채
흘러간 젊은 날의 이야기가
머물러 있다.

청량리역에서 청평, 강촌역 캠프장,
MT로 향했던 이야기들이
반짝이는 강물에 물비늘로 되살아나고
북한강의 아름다운 풍경을 따라
느리게 달리던 경춘선 열차는 그 시절의
또 다른 낭만이었다.
지금은 itx 전철의 시대가 되어
세월 속에 묻혀 있다.

선인봉 소나무

선인봉 암벽 틈서리
풍한서습(風寒暑濕) 정기 어린
적송 한 그루

바위가슴 어디까지 더듬어
미미르샘이 흐르는가

흙 한줌 없는 뿌리의 숨결
솔바람에 들려오니

산하를 굽어보는 벼랑의 풍상은
하늘기상을 가슴에 품었구나

묵언 수행 고고한 정취는
바람의 경(經)을 묵상한다

시작 노트 ♣

이리 보니 비경이요, 저리 보니 선경이라.
도봉 능선을 따라 북한산이 펼쳐지고
앞쪽으로는 수락산과 불암산이요,
위를 보니 도봉산 주봉인 만장봉이다.

청솔 푸른 기상의 위용은
선인봉 암벽가슴 어디까지 다듬어
얼마나 많은 세월을 보내며
등산객의 길을 안내하였던가.
한 폭의 병풍 실루엣에
자연유산의 경이로운
야성을 본다.

역사의 숨결은 살아 있다

고구려 용병 말 발굽 소리에
만주벌판 길이 열리고
진군의 북소리에 동북 3성이 달려온다

광개토대왕비를 지린성에 세우고
북두칠성 문곡성이 하늘에서 내려와
낙성대에 태어난 강감찬 장군이
영웅적 귀주대첩 전공을 거두니

한민족의 꺼지지 않는 불꽃은
겨레를 지켜온 불후의 3대명장
고구려 을지문덕의 살수대첩
고려 강감찬 장군의 귀주대첩
이순신 장군이 한산도 대첩을 계승했다

자의적 패권주의 헤게모니로
그들은 한민족의 고대사를 침탈하여
고구려를 중원왕조에 귀속하고

발해를 말갈족 지방정부로 왜곡하여
동북공정 연표로 국민적 공분을 일으켰다

일어서라!
범 국가적 공론과 학술교류로
발해 유적이 있는 북한과 일본사기
중앙아시아 러시아 연해주 사료까지
자주적 역사의 바로 알기로
민족문화 틀을 세워 가야 하리라

아득한 길

소풍 가던 길
소년은 다시 어제가 되어
그 길을 걸어갑니다

한 굽이 돌면
찔레꽃잎 떠가는 오월의 도랑물
풍금 소리처럼 흘러가고

두 굽이 돌면
반짝이는 반딧불 사랑에
소쩍새는 음정을 낮춥니다

들풀 연기 모깃불 피워
멍석에 누워 별을 세면
옥수수는 쑥쑥 제 키를 세워
저만큼 고갯길 넘어가고 있었습니다.

굽이굽이 걷던 길
이제 그 길은 내 맘속에 휘휘 돌아
기차표 검정 고무신에
아주까리 잎새 머리에 쓰고

소낙비 내리는 오후
뛰어가던 소년은 없고
모서리 닳은 그리움만
달구지에 켜켜이 앉아 있습니다

시작 노트 ♣

나였던 소년이
소풍 가던 길을 걸어간다.
징검다리 건너 풍금 소리 따라 노래 부르고
다슬기와 물고기를 잡았던 그날에
산골 소년의 가슴에는
이제, 무엇이 되어 그 소년을 만날까.

네잎 클로버

고요한 기다림이 있다
풀잎에 숨은
세 잎 속에 네 잎

사랑을 담고
행운을 품고
소풍간 날 보물을 찾듯
돌연변이를 찾는다

척박한 땅
같은 줄기에 다른 운명을 걸고
그리운 마음들에
손길 기다리는 네잎 클로버

행운의 탄생은
아픔 뒤에 오는 기다림이었다

시작 노트 ♣

네 잎 클로버는 기름진 토양이나 숲속의 줄기에서는
찾지 못한다.
척박한 땅, 잔디 공원이나
저수지 언덕길 같은
외부 환경에 의해 유전자가 변이되어
돌연변이로 태어난다.
채집은 수분이 잘 흡수되는
책갈피에 네 잎 균형을 맞추고
3일 후 꺼내 바람을 쐬어
다시 넣어야 변색을 예방할 수 있다.
사람들은 기형적으로 태동된 것을
행운이라 한다.

바위 섬

둥지를 떠난 바닷새
바다를 조망하듯
만경창파로 날아가고

저만치 밀려가는 파도
자잘한 조약돌은
먼저 기다리는 등대에
외로움을 달랜다

썰물이 남기고 간 바위는
물에 젖은 여인의
긴 머리채 같은
해초가 넘실대고

멀어져 가는 고깃배
갈매기 무리 동행한다
하얀 등대는
몽환처럼 어부의 뱃길을 기다린다

시작 노트 ♣

이름 모를 꽃들의 바위섬.
태풍이 불고 파도가 쳐도
해안 절벽 위에 외로운 등대는
가슴 아픈 추억들을 간직한 채
제 자리를 지키며

영롱한 불빛을 보내고 있다.
흔들리고 방황하는 사람들에게
한 줄기 위안으로
고깃배 한 척을 위해 먼 곳까지
삶을 비추고 있다.

거친 파도가 몸으로 깎아내린
기암괴석의 절벽은
누군가 찾아 줄 그리움을 달래고 있다.

님은 누구의 명령으로 잠들었는가

하늘은 알았으리라
산천도 울었으리라
겨레의 눈부신 아침을 위해
흔적 없이 산화된 이름들이
찬연히 피운 한 떨기 꽃을

다시 6월은 오고
동강난 상처가 언제이런가
분단의 세월이 어둠을 잊었는가
통일 번영의 초석으로
꽃잎처럼 붉던 님은 돌아오지 않네

청잣빛 하늘이 열리는 날
동해의 장엄한 일출의 서곡이
한라에서 백두까지
8천만 겨레의 뜨거운 가슴들이
불덩이 같은 눈물을 터트리며
우렁찬 통일의 노래를 부르리라

님이시여!
피우지도 못한 한 생을 불살라
조국을 지켰기에
자랑스러운 님의 조국
대한민국의 이름을 부르노라고
영원토록 그 숨결 이어가리라

시작 노트 ♣

그해, 다시 6월은 오고
서울광장 행사장에서 시 낭송을 하며
청춘의 꽃봉오리를 피우지도 못한 채
조국을 지키다가
산화한 영령들이 꽃 빛을 잃어 가고 있다.
행사장 분위기는 정파 이념에 따라
시시각각으로 변한다.
안타까운 현실이다.

제2부

숲속의 숨비소리

꽃모종

봄비 오는 소리에
꽃밭 흙 이랑
오붓한 가슴에 꽃모종을 한다
앞줄에 채송화
뒷줄에 봉선화, 분꽃, 맨드라미
싸리울에는 나팔꽃
꿈의 씨앗에
우주의 숨결이 스며든다
흙 내음 향기로운
초록의 속삭임
꽃모종 손길에
묻어둔 그리움도
피어나리

봄 편지

사월의 하늬바람
상춘곡(賞春曲) 울려 퍼지는
봄 편지 텃밭

홀로 선 미루나무에
까치집이 정겨운데

지줄대는 실개천은
즐거운 찬가를 부르고
새들은 낮게 날며
봄을 물어 나른다

외양간 어미 소의
그렁그렁한 눈망울

뙈기밭 참새 떼는
잔설의 볏짚을 헤집으며
조잘거리고

나비는
아지랑이 악보를 타고
청산을 간다

시작 노트 ♣

봄 편지는 빨간 우체통에서 온다.
논두렁 밭두렁 쑥 향기를 타고 온다.
실개천 흘러가는 소리에 꽃망울이 터지고
오지 않을 것 같던 봄은
빨간 오토바이를 타고
산촌에 언덕을 넘어오고 있다.

향기로운 흙 내음에 생명으로 움트는
산수유, 개나리, 노란 꽃이
앞 다투어 피고
산자락마다 진달래 꽃의 정한(情恨)도
감당할 수 없이 피어나고 있다.
봄은 감성의 언어를 넘어
저항도 없이 물들어 오고 있다.

봄날의 단상

눈부신 초록의 노래
꽃들은
명지바람 선율에
자유방랑 축제를 펼치고

나비는
아지랑이 오선을 타고
청산을 간다

시작 노트 ♣

봄꽃은 매화를 시작으로
목련, 개나리, 진달래, 벚꽃 순으로
지구온난화로 기온이 상승하여
뒤죽박죽으로 또는 동시다발적으로 피어
혼란스럽기도 하다.
생태계 기초가 흔들리면 곤충이나
생물 상호 간에도 질서가 무너진다.

벚꽃 오선지

명지바람 선율에
하얀 그리움 안고
꽃비가 내립니다

낙화하는 꽃잎은
순백의 향연으로

지상의 선경이
천상의 정원을 잊어야 하듯

사무치는 다정이
서러운 순간에

가슴 시려오는
그리움을 다 불러

허공에 날리는 꽃잎은
바람의 연주가 됩니다

시작 노트 ♣

봄기운이 완연하다
언제 저렇게 꽃잎이 만개하여
분분이 날리고 있는지.
눈앞에 흐드러지게 피어있는 벚꽃 향연에
나도 모르게 발길이 멈춰버렸다.
벚꽃의 화사함과 담장을 따라
줄줄이 피어있는 노오란 개나리 풍경이
자연의 경이로운 섭리를 일깨워 준다.
사월도 저만큼 가고 있다.
목련꽃 그늘 아래서 베르테르의 편지를 읽던
그 시절은 간곳없고
벚꽃 엔딩 속에 문득 나는….

오월의 향기

오월의 향기는 그리움이다

함박눈 쌓인 듯
휘어진 가지마다
간절한 향기에
정신이 다 아득하다

꽃 내음에 취한
벌들의 날갯짓이 요란해지고
순간의 행복이 영원처럼
대책도 없이 마음을 흔드는데

아카시아 향기는
오래된 기억 너머
젖은 그리움으로 피어난다

시작 노트 ♣

아카시아는 5월의 향기다.
달달하고 매혹적인 향기는 어린 시절
추억을 간직하고 있다.
아카시아 꽃말은 "비밀스런 사랑"이다.
꿀벌들의 날갯짓이 요란하더니
꽃잎 속에 머리를 박고
한참 동안 나오지 않는다.
꿀벌은 벌침을 쏘면 죽기 때문에
먼저 공격하지 않는다.
꿀벌은 자연환경을 나타내는 환경 지표종이다.

달빛 강

교교히 흐르는 달빛
강물이 은물살로
조각나고 있다

유영하는 고기들 입질만
잠든 강물을 밀어내기라도 하듯

버드나무 커튼 사이
숲을 연주하는 물새 소리는
무반주 하프 선율이어라

시작 노트 ♣

달빛 부서지는 강 언덕을 걷는다.
바람 부는 샛강에 물비늘이 일고
발걸음 소리에 놀란 물새가
강물을 박차고 날아오른다.
줄줄이 늘어진 푸른 버드나무 가지는
커튼을 쳐 놓은 듯,
암·수컷이 지저귀며 넘나드는 것이
영락없는 하프 선율을 타는 풍경이다.

달하면 이태백이고,
이태백하면 달밤에 배 타고
물속의 달을 잡으러 들어가서는
끝내 생환하지 못하고 말았던
고사(故事)를 만든 사람이다.
달밤, 그것도 가을의 달밤,
이태백과 그의 풍류는 가고 없으나
지금도 심산에는
맑고 청명한 달빛이 밝게 떠올라 있다.

찔레꽃 아버지

오월의 바람이
뻐꾸기 소리 불러와
출렁이는 청보리밭을 건너가고
종묘심은 텃밭이랑 사이로
아버지가 걸어옵니다

"땅 자식이 효자여"
절기에 순종하며
봄에서 이듬해 봄까지
바람과 비의 등짐 지던 날들
농사일에 자연 교과서였지요

빛바랜 적삼, 노을 진 얼굴
누렁소 닮은 아버지 모습 선연한데
정겨운 고향 내음에
고개 숙여보는 망종의 아침
올해도 찔레꽃은 하얗게 피었습니다

어언 아버지 나이가 되어
걸어 보는 텃밭이랑
내 가난한 유년의 꿈이 열리던
아버지의 아버지, 자식의 자식 사랑을
이랑에 심은 씨앗은 알았을까

시간의 흔적은
오수의 꿈결인 듯
옛이야기 질긴 그림자 간 곳 없고
눈 맑은 초록 잎들이
오월의 향기로 피어납니다

비 오는 날의 단상

바람이 협연하는
빗줄기 선율

허공의 파문이
창가에 어린다

소리 없이 안식의 시간은
깊어만 가고

비안개 빛 향기는
석류알 영글어 가듯

잊어버린 기억들이
빛바랜 수채화로
그리움을 파고 든다

어머니

당신이 사랑하신 이땅
눈 맑은 초록 잎들이
오월을 노래하고 있습니다

당신의 등 뒤에서
가슴 적시던 그 날
민들레 홀씨는 이정표 없는
먼 곳으로 날아가고 있었습니다

봄이면 여전히 새들이 노래하고
여름의 신록과 가을꽃 향기
동화 같은 순백의 겨울이 와도
사무치는 그리움은
당신을 보내지 아니 하였습니다

어머니
당신이 계신 그곳은 어떠한가요
그곳에서도 새벽닭 울음소리에 깨어
가꾸실 텃밭이며
꽃밭은 있는지요

감꽃 필 무렵

감꽃 줍던 시절
세월을 떠난 고향집에는

감꽃 무명실에 꿰어
목걸이 하던
아이들 웃음소리

감꽃 하나
골무처럼 기워 보던
따뜻한 미소

키가 자라지 않는
어린 기억 속에
푸르른 가지마다 감꽃은
피어있었다

달항아리

어머니 손때 묻은
장독대 달항아리

채송화 봉선화
푸르던 계절이
까맣게 영글어간다

초승달도
보름달로 익어
감나무에 걸려있다

토담의 수채화

사월의 바람이
출렁이는 청보리밭을 건너가고
산 너머 오는 뻐꾸기 소리에
가슴이 초록초록 젖는데

끝없는 오솔길 따라
여린 풀꽃이 피어
알 수 없는 그리움이 가슴을 적시는
그날에 언덕을 걸어 보았는가

산안개 오르는 강 언덕
암소가 새끼를 데리고
먼 산을 향한 울음은
자운영 꽃 피우는
그 소리였음을 아는가

새참 광주리이고
다랑논 가는 아낙네

농부의 목에 두른 긴 수건을
바람이 흔들고 가는 걸 보았는가

소나기 퍼붓고 간 오후
유영하는 각시붕어의 은빛 무희
강변 물길 저어가는
황새의 하얀 날갯짓을 보았는가

코스모스 소곤대는 간이역
산모퉁이 돌아가는 기차의 등 뒤에서
하얀 손수건 흔들던
산골 소녀는 어디로 갔는지

청운의 꿈 그려 보던
토담의 수채화
산골 소년의 가슴에는
찔레꽃만 하얗게 피어 있다네

시작 노트 ♣

고향의 정서는 잊어버린 추억을 찾아 준다.
산 너머 뻐꾸기 소리 따라 새참 광주리를 이고
청보리밭 사잇길을 가는 아낙네.

암소가 새끼를 데리고 먼 산을 향한 울음소리는
자운영꽃 피우는 그 소리였음을 아는가.

제3부

은유의 노래

은유의 노래

휘파람새는
숲속의 음반인 양
세레나데를 윤창하고

솔바람은 현을 타듯
숲속의 연주가
녹색 음반에 펼쳐진다

가을 장독대

영롱한 이슬
투영한 바람이
꽃 잎새에 파동한다

장독대에
애틋하게 얼굴을 내민
채송화, 봉선화
푸르던 계절이 여물어 간다

담장에 기대어
머쓱하게 키만 키워
마음 상한 코스모스
수런대는 바람결에
가을 엽서 쓰고 있는지

봉선화 물든 초승달이
감나무에 걸려 있다

시작 노트 ♣

고향집 장독대는 따스한 봄볕과
여름 햇살을 담고 숙성을 거치며
갈바람을 타고 시월의 햇살이
항아리에 내려앉는다.

한 계절을 넘어온 소담스러운 장독대에는
채송화, 봉선화가 피고
담장에 기대어 키만 키운 코스모스는
수런대는 바람에
가을 엽서 쓰고 있는지.

어머니가 정성스레
된장, 고추장 장독대를 닦던 기억이
초가집 굴뚝 연기만큼이나 정겨웠다.

빨갛게 물든 감나무 잎은 떨어져
장독대 소품으로 장식되고
주렁주렁 달린 감들이 가을 햇살에
익어가고 있었다.

낙조

하늘 속 바다
바닷속 하늘
쪽빛이 석양을 품어
꽃구름 향연이어라

빨간 입술이 남기고 간
해변의 낭만은
빈 둥지 증후군인 듯

작은 섬들 사이로
기척을 알리는 고깃배
황금물결 가르며 멀어져 간다

갈매기 울고 날며
이곳에 발길을 멈추는 자여!
이 선경에 눈가를 적시는 자여!

현란한 석양이
하늘의 곡조를 못 이겨
바다의 문을 열고 들어간다

시작 노트 ♣

아름다운 것은 생성만이 아니다.
바닷가 백사장에 붐비던 피서객들은
썰물이 빠져나간 듯 적막한데
고깃배가 작은 섬들 사이로
기적을 알리며 지나간다.
수평선너머 장엄한 향연에 붉은 해가
하늘 곡조를 못 이겨
바닷속으로 빠져 들어간다.
현란한 하늘의 곡조는 심연(深淵)을 자극하고
시간의 흐름에 따라 생성과 소멸의
경이로운 사유가 탄생한다.

가을이 오는 소리

가을은
알지 못하는 바람에서 온다
빈 수수밭 바스락거리는
산들바람이었을까

가을은
알지 못하는 색에서 온다
산 벚나무 단풍 지는 잎새였을까

가을은
알지 못하는 새에서 온다
시월의 숲속 은방울 새였을까

가을이 오는 소리는
빛바랜 그리움의 우표로
시월애 엽서로 온다

시작 노트 ♣

상큼하게 높아진 파란 하늘
흘러가는 구름 따라
가을이 묻어왔다.
가을바람 소리인가 돌아보면
산벚나무 단풍 잎새 지는 소리이고
물소리인가 돌아보면
낙엽 떠가는 소리 흘러간다.

가을밤 귀뚜라미는 지난 여름밤의
못다 한 이야기가 저리도 많은지
곤충, 동물들의 삶 속에도
야생의 지혜와 감동이 숨어 있다.
수컷들의 귀뚜라미가 목청 터지게 울어대고
암컷을 향한 치열한
구애와 사투는 종마다 기발한 계략과 고난도 기술의
세레나데가 리얼하고 숭고하다.

지금 내 마음은

안개에 묻힌 여명이
기억의 허리를 휘감고 오릅니다

지금 내 마음은
젖은 그리움 파고드는
봉당의 빗소리입니다

지금 내 마음
창밖 쓸쓸히 흩어지는 낙엽
가을 공원의 벤치입니다

지금 내 마음은
먼 길 휘돌아온 그림자에
이름 석 자 써 보는
토담의 수채화입니다

시작 노트 ♣

봉당의 빗소리를 물끄러미 바라본다.
빗방울이 솟아오르다 사라지는 기억의 파편들…
한 계절을 풍미하던 이파리들은
빛바랜 벤치에 영혼을 떨구고 있다.

정신의 건강함은
자연 속에 있고,
훌륭한 사회야말로
가장 깊게 병들어 있는 사회다.
말은 자신의 인격이고 표상이다

억새

소슬한 바람결에
수런거리는 억새꽃의 선율
하얀 파도가 밀려 온다

아침 햇살은 억새
저녁노을 금 억새
흐드러진 들판에
가을 하늘이 내려앉는다

빛 사위어 가는 들판
북방군 편대 기러기는
옛 영토를 점령하려는 듯
볏가리 논을 군무하는데

감나무 홍시 쪼는 산까치는
저 혼자만 모르는지

시작 노트 ♣

가을바람 타고 억새꽃이 포말처럼 밀려온다.
바람이 불 때마다 억새는 부대끼고 흐느끼며
마음에 상념까지 흔들어 깃털을 날려 보낸다.

깃털은 억새보다 갈대꽃이 풍성하며
억새는 습지보다는 산에나 들,
양지바른 곳에 자라고,
갈대는 저수지나 강가 같은 습지에서 자란다.

작년에 왔던 기러기는 먹이를 찾아
볏가리 논을 탐색하는데
가는 계절도 모르고 감나무 꼭대기에서
연신 홍시만 쏘아대는
산 까치는 저 혼자만 모르는지….

소록도

찾는 이 없는 추모비
목백일홍은
눈시울만 붉혀 있네

수용소 담쟁이 벽을 지나
중앙공원에 이르니
능수매화 노니는 하얀 나비
뉘의 애처로운 넋이런가

영혼마저
장막의 섬 떠나지 못하고
질곡의 그림자는
황금 편백을 피웠는가

상봉이 이별되는
수탄장(愁嘆場)은 말이 없고
장엄한 수목의 아름다움도
처연하구나

시작 노트 ♣

소록도 대교가 개통(2008년)되기 전에는
녹동항에서 배를 타고 입항하며
주민등록증 검사를 받고 들어갔다.
섬의 모양이 어린 사슴과 비슷하다고 하여
한센병 환자들을 수용하는
작고 아름다운 섬이다.

정치적인 이유로 통제와 멸시를 받고 전염병이란 부당한
선입견으로 격리된 후
"갈 곳 없는 사람"이라는 이름 아래
억압된 공간에서 강제 노동에 시달렸다.

슬픔과 탄식이 얼룩졌던 소록도 중앙공원에는
우리나라에서 한 그루밖에 없다는
황금빛 편백나무와
수령이 오래된 장엄한 향나무들이
소록도의 영혼을 간직하고 있다.

묵상

길 잃은 영혼이
불러 보는
거룩한 이름이 있습니다

진리의 이정표를
뜬구름에 걸어두고

어디쯤 가고 있는지
담금질만 하는
분별없는 영혼입니다

세상의 틀에
불완전한 삶이
생의 갈증을 풀 수 없듯이

깨어나지 못한 믿음에
영적 지혜와 변화를 간구하는
말씀의 기도로
로마서 12장 2절을 묵상합니다

시작 노트 ♣

성경은 내내 깨어나지 못한 믿음에
영혼의 질문지다
성경을 겸허히 통찰하고
말씀을 순종하는 믿음이라면
꿈꾸지 않았던 거룩함을 깨달아
진리의 문으로 들어가는 찬양이련만,
진리의 이정표를 뜬구름에 걸어두고
영혼 없는 밥벌이에
무엇을 찾으려 했는가.

천상의 친구에게(弔詩)

가슴을 파고드는 그리움이
가을 하늘에 물들어 간다

들길에 망초꽃
하얗게 피는 계절
스쳐가는 바람에도
가슴을 삭히더니

영혼(靈魂)만 남겨두고
속세의 인연을 놓아버린
친구야!

외롭고 힘들었던
못다 이룬 파초의 꿈
행복은 조각나서
사랑마저 부서졌네
남의 아픔 걱정하다 내 아픔 몰랐고

남의 슬픔 위로하다 내 슬픔 모르고
'사나이 눈물'을 노래하던 친구야 !

산다는 건 구름이고 바람인 것을
뭐가 그리 바쁘기에
석별의 정 남기지 않고
준비 없는 이별을 해야했는가

이생에 남겨둔 여한(餘恨)일랑
갈랫길 여정(餘情)에서 푸시게나
긴 영면으로 잠든 친구야
고이 쉬시게

당산 느티나무

억겁의 세월
시원(始原)의 정취는

우주를 노래하는
침묵의 시인이런가

세상을 다 사랑하여
바라만 보아도 풍요로운
느티나무 아래 소박한 인정

고향 떠난 이별가 못 잊어
몸속까지 비운 상흔은

청운의 꿈 기다리며
애태운 흔적이려나

시작 노트 ♣

시골 마을 입구에 시원한 그늘을 만들어
마을 쉼터를 제공하여 주는 성황당 느티나무.
누군가 간절한 소망과 소원이 이루어지기를
빌었을 당산 느티나무.

동심을 키워 오던 그 시절 타향 객지 떠나며
성공하여 돌아오겠다고 뒤돌아보던 고향의 느티나무
무엇을 말해주려 기다려 왔을까.

소록도의 기도

갈매기 울음소리
귓전에 젖는데

생의 촛불 하나
기도할 수 없는
멍울진 눈망울

빈혈기 어린 햇살이
머문다

댓돌 위에
하얀 고무신 한 켤레…

맷돌

돌려고 하는 것과 돌지 않으려는 짝사랑
미는 것과 밀리지 않으려는 화음 속에
음양오행이 부벼대며 연분을 맺는다

박달나무 어처구니로 사랑을 심어
시어머니와 며느리 갑갑한 인생살이
무심한 세월에 갈리고 부서지며
삶의 굴레를 거역하지 않고 돌아왔다

암맷돌이 아래에서 숫맷돌이 위에서
한 쌍의 궁합을 맺을 수도 있으련마는
장인정신의 깊은 뜻을 뉘라서 알까

어머니의 삶이 켜켜이 녹아든 맷돌
쉼 없는 노역이 천년을 반추하며
석불처럼 지워지지 않은 멍울로
가문 대대로 세월을 보듬어 왔다

인생 터널

(1절)
처음 가는 길
바람이 한곳에 머물던가
인생은 선택이라 말하지만
무엇을 위해 여기까지 왔나
아무도 가르쳐 주지 않는
이정표 없는 인생 터널
그리운 등불하나 걸어두고
흔적 없는 그림자에
그리움만 쌓여가네
처음 가는 길
어디쯤 가고 있을까
사무치는 사랑 하나
내 가슴에 있네
After all, tomorrow is
another day

(2절)
처음 가는 길
눈비가 가려서 내리던가
인생은 선택이라 말하지만
무엇을 찾아 여기까지 왔나
아무도 가르쳐 주지 않는
이정표 없는 인생 여정
그리운 사랑 하나 걸어두고
흔적 없는 그림자에
외로움만 쌓여가네
처음 가는 길
어디쯤 오고 있을까
가슴 속에 사랑하나
내 마음에 있네
After all, tomorrow is another day

제4부

옛길

겨울 홍시

고향집 뒤안
눈감으면 떠 오르는
멀고도 가까운 그리움

말랑하고 달콤한 그 기억
가슴 깊이 사무쳐
감꽃들이 하나, 둘 등불을 켠다

홍시 하나 매달린 감나무에
까치들이 기웃대면
기어이 겨울이 왔다

켜켜이 볏짚 깔아
항아리에 홍시 쟁여놓고
겨우내 간식 챙겨 먹던 그 시절

하얀 감꽃 올무는
이제야 별이 되고
종소리로 울려 퍼진다

옛길

그리움으로 걷는 옛길
성긴 마음에 아득히 남아 있는
토담의 수채화
얼룩진 기억도
모두 그리움인 것을…

시작 노트 ♣

누구나 그때는 왜 그런 생각을 했을까?
하며 안타까워할 때가 있다.
지금 생각해 보면 당연했던 것을
틀린 판단을 했기에
아쉬워하는 것이다.
심지어 과거로 돌아가
지혜롭지 못한 당시를 넋담한다.
그러나 지금 와서 보면 틀렸지만
그때의 선택은 맞았다.
아쉬워 말자.
잘된 것이 잘못된 것이고 잘못된 것이
어찌 보면 잘된 것인지도 모른다.
그것이 인생의 길이리라.

소래 포구

낡은 목선이
갯골에 박혀
바다로 떠나지 못하는
애수(哀愁)가 있다

찢겨진 깃발
빛바랜 어구들만
늙은 어부의 풍장소리
잊은 지 오래인 듯

디젤 발동기 침묵에
만선의 추억을 묻고
애잔한 고독의 무게는
바다의 이야기를 듣는다

시작 노트 ♣

소래 포구는 오래전에
수인선 열차가 사라지고
서민들의 애환과 연인들의 추억에
녹슨 철길만 옛 모습을 간직하고 있다.

철길을 건너 어물전에는
꽃게, 새우, 우럭, 광어들이
꼼지락거리다가 펄떡 뛰며 시끌벅적하게
흥정하는 모습들이다.

바닷물이 빠져나간 포구의 갯벌엔
긴 영면으로 얹혀 있는 폐선 한 척,
갈매기 한 마리가 뱃전에 앉아
다 부르지 못한
해조음의 노래를 듣고 있다.

선창

등대 불빛
부서지는 파도를 이어붙이고

뱃길을 인도하던 갈매기는
어디론가 떠나갔다

방파제에서 만난
시간의 흔적은

지나온 세월마다
갯바람 스치는데

모르고 살았던
기억의 순간들이
그늘진 추억으로 남아

두고 온 바다에
해조음의 노래를 듣는다

시작 노트

하얀 포말을 일으키며 파도는
쉴 새 없이 방파제에 부서진다.
오징어잡이 배 집어등이 출렁이며
뱃길을 인도하는 갈매기는
분주하게 날아들다 어디론가 떠나갔다.

엔진소리가 멈추자 포말도 숨을 고르며
파문을 잠재우고 있다.
아낙네는 빨간 고무다라를 이고
선착장을 오가며 바쁘게 움직이고

어부의 고단한 삶의 무게는
선창가 주막집 막걸리 주전자에
시름을 잊는가 보다.

흔적

이끼 낀 돌담
낙엽은 떨어져
애증으로 쌓이고

한눈판 사이
이월(移越)된 흔적에
솔새는 날아와
내 마음 쪼아대며

걸음마다
세월이 묻어난다

시작 노트 ♣

바람에 떨어지는 나뭇잎,
길가에 피어있는 작은 야생화에게도
관심을 가지게 되고
내 삶의 의미를 되돌아보게 된다.

마음이 심란해지고
심드렁해지면 책을 읽는다.
책 속에서 예수도 만나고
석가도 만나고 이태백도 만난다.

직접 가르침은 받지 않았으나
본받으려 사숙(私淑)을 하는 거다.
가치있는 문장에는
가슴에 담아 발효시켜 가기 위해서다.

그림자

한때는 청운의 꿈을 꾸는
파랑새를 좇는 청춘이었나니

돌아보니
도돌이표 없는 이정표에
길손 같은 유랑이었던가

먼 길 돌아온 내 그림자
꽃잎은 흩어지고
향기조차 멀리 있네

봄에 피는 꽃보다
가을꽃에 향기가 깊고
숙성된 포도주가 맛이 깊다는데

얼마나 다듬어야 알 수 있을까
얼마나 숙성해야 알 수 있을까

시작 노트 ♣

외롭지 않은 인생이 어디 있을까.
만남과 헤어짐 속에 때론 먼저 떠나고
뒤에 남겨지기도 하는
먼 길을 누구나 걷고 있다.

가치 있는 삶이 무엇인지,
나는 지금 어디에 서 있는지
시간과 겨루며 슬프지 않은 것은
오직 추억의 흑백 사진뿐이다.

두고 온 젊은 날에 내일만을 꿈 꾸다
흘러간 세월,
무엇을 잡자고 시류에 편승하여
허우적거려야만 했는지.

어제가 되어버린 오늘

도돌이표도 없이
시간의 바다에 묻혀
소중한 마음을
잊어버린 것은 아닌지

바쁘게 산다는 이유만으로
노을이 낙조인 줄 모르고
별이 정수리에 쏟아져도
밤하늘 쳐다본 지 오래였다

누구를 위한 삶인지도 모르고
관객도 없는 무대에서
무엇을 잡자고 허우적거렸는지
얻은 것보다 잃은 것도 많았다

어제가 되어가는 오늘

시작 노트 ♣

어느 날엔가 빛과 어둠,
삶의 조각들이 잠재된 의식에서
노출되었나 보다.

존재와 부존재, 부재하는 것들을
되돌려 보려 할 때는
모든 것은 떠났다.
세월은 영원한 줄 알았지만
봄은 길지 않았다.

늦게쯤 와서 알게 되는 것은
철이 든다는 말이다.
어찌 보면 철이 든다는 것은
꺾인다는 것,
고리를 내린다는 것이다.
그것은 아프고 쓸쓸한 일이다.

포장마차

희미한 불빛
인생 풍경 흔적들에
그림자는 흔들리고

꼼장어 숯불 연기
조가비 양철통에
바다가 끓고 있는데

빈 가슴 스쳐 가는
소주잔의 유혹

이고 진 숙제 풀지 못하고
인생을 안주 삼아
세월을 마신다

시작 노트 ♣

가로등 불빛에 눈발이
간간이 뿌려지는 스산한 겨울 저녁.
포장마차 백열등 불빛에 꼼장어 굽는 연기,
양철통 오뎅이 골목길 추위를 먹고 있는데
어디선가 찹쌀떡 메밀묵 소리가
눈발 속을 헤치며 숨차게 달려온다.
인생의 술잔에 지혜를 묻는다

5일 장터

참빗 머리 고이 빗고
봄소식을 파는 좌판 할머니
노을빛 부케가 수국처럼 정겹다

쌈짓돈 포갠 듯
햇나물 몇 다발
다 팔아도 얼마 될까마는

빛바랜 은반지에 젖은 그리움
이고 진 세월이 가슴 아리다

나물 좌판 언저리에
산 그림자 스며들 때
용돈 몇 푼 타려는 손주 같은 할아버지

멋쩍게 웃음 띠는 뒷걸음은
인정 익어가는 목로 주막 가시려나

시작 노트 ♣

세월에 골이 팬 구릿빛 얼굴에 할아버지는 앞서가고
할머니는 햇나물 몇 다발 머리에 이고
몇 걸음을 뒤따라간다.
할아버지는 농협에서 배추 씨앗과 비료를 사고
해 질 녘이면
주막집에 모여 이웃 마을 사람들과
농사 얘깃거리를 나누는 것이
시골 장날을 기다렸던 농촌의 풍경이다.
저녁 해가 저물어 가면 산 그림자 스며들 때
할아버지는 멋쩍은 시늉으로 할머니에게
막걸리값을 좀 달라는데….

우리 사랑 여기에

학처럼 기다린 사랑
청실홍실 올올이 아름다운
하늘이 맺어준
하나의 소중한 인연입니다

오늘 같은 내일
아침을 여는 해 오름으로
소중한 님의 뜻을 새기며
사랑과 꿈에 정원을 가꾸렵니다

시작 노트 ♣

결혼식장은 부모님들이 하객이고
장례식장은 자녀들의 조문인데

사랑이란 이름으로 보내는
청첩장 문구가 어른들에게는 예의가
아니라는 생각이다.

결혼식은 독립 행사가 아니라
새로운 가정이 탄생되는 이벤트로
보다 성스럽고 정중해야 되지 않을까.

향우회

빛이 있었네
청잣빛 하늘이 열리고
조령산 줄기 뻗은 아름다운 산하
산인들 어찌 소리치지 않으며
물인들 어찌 노래하지 않을 수 있으랴

부르노라
새들도 저희끼리 하늘길을 만들고
물고기도 모천으로 돌아오는데
꿈엔들 잊을 리 없는 향우들이여
애향의 꽃 사랑의 무지개로 피었어라

자랑스러워라
청보리밭 물결 가르는 소쩍새 소리에
티 없이 꿈을 키우며 살아온 우리들
여기 선, 후배 동문들이 손에 손잡고
새날의 향연을 펼치노라

사랑하노라
학처럼 기다려 온 오늘
우리는 더 높이 오를 하늘이 있고
더 멀리 달려갈 지평이 있으니
교정의 종소리 크게 울려라
찬연한 노랫소리 이어가리라

시작 노트 ♣

조령산 줄기 뻗은 세재봉 아래
초등학교의 백년사 숨결이 흐른다.
타향 객지에서 고향을 그리워하고 동문들의 애향심은
추억을 새기며 보고 싶고 만나고 싶었던
동문들도 만난다.
아련한 추억을 함께한 나온 영혼이 깃든
그리움의 파편들이다.

연풍초교 100년사에

태초의 하늘이 열리고
새재봉 정기를 품은 곳에
연풍이 있었으니
용유담 물은 쉬지 않고 흐르네

조령산 줄기 흘러내려
100년을 이어온 배움의 요람
연풍 교정 품에 안고서야
목청을 열게 되었네

사랑하노라
청보리밭 종달새에
청운의 꿈 키워 왔나니
아버지의 아버지가 낳은
요람의 터전에 돌아와서
자랑스러운 백년사의 숨결을 듣는다

추억이 우표처럼 그리워지는
동헌의 옛터. 정겨운 느티나무
여기 동문들의 한 뜻을 새기노니
연풍 교정의 종소리여 더 크게 울려라
찬연한 지평을 열어 가리라

시작 노트 ♣

초등시절 추억이 뒹굴며 한없이 시간이 늘어지던
기억 속에 아련한 그리움이다.
추사 김정희가 연풍 고을 현령으로 부임하여 관아로
사용됐던 교무실이
지금도 본래의 모습을 지키고 있으며
어린 시절 크고 무성했던 600년 수령의
교정의 느티나무는
세월 속에 작은 고목이 되어
그 자리를 지키고 있다.
빛나는 졸업장을 받고 교가를 부르며
무작정 울어 버렸던 시작 노트
그날에 초딩친구들~
추억의 흑백사진 앨범을 보며
반세기가 흐른 지금
그 시절 개구쟁이 친구들은
어디서 무엇을 하고 있는지.
연풍 개교 100년사 교지에 실어 어린시절 간직했던
추억을 전하고 있다.

제5부
평론

김소월 평전(연구비평)

1. 출생—유년기

소월(본명 정식: 1902. 9. 7.-1934. 12. 24.)은 공주김씨이다. 素月 호는 고향마을 소산에 뜬 흰달이라 하여 하얀 달을 의미한다. 소월의 부친 김성도는 1884년에 장경숙과 결혼하여 아들 소월, 딸 인희 1남1녀를 두었다.

김소월은 1902년 평안북도 구성군에서 태어나 평안북도 곽산군에서 성장하였다. 1904년 부친 김성도는 명주 저고리를 곱게 입고 말 등에 음식을 가득 채워 처가 나들이를 가던 중 정주군과 곽산군을 잇는 철도 공사장에서 음식을 빼앗으려는 일본인 목도꾼들에게 심하게 폭행당한 후 피범벅이 되어 말에 거꾸로 매달린 채 집에 왔는데 일주일간 의식이 없었고 깨어난 뒤에는 횡설수설하며 정신이상 증세를 보였다.

이후 김소월은 광산을 경영하는 조부의 손에서 자랐다. 숙모 계희영은 어린 소월을 보살피며 많은 독서를 통해 문학적 토양을 이루는 고대소설과 동화를 탐독하는 계기를 만들어주었다.

1907년에(소월 만 5세) 조부가 독서당을 개설하고 한문공부를 시작하였으며, 1909년에 공주김씨 가문이 세운 남산소학교에 입학하였다.

2. 학창시절

평안북도 곽산 남산보통학교를 졸업하고 1915년 평안북도 정주 오산고등보통학교에서 정신적 스승인 조만식과 평생 문학의 스승이 될 김억을 만난다.

김억의 격려를 받아 1920년 18세에 동인지 《창조》 5호에 〈낭인의 봄〉 〈그리워〉 등을 처음 시를 발표한다.

1916년 오산학교 재학 시절 14세에 고향 구성군 평지면의 홍시옥의 딸로 소월보다 세살 많은 홍단실과 결혼하여 4남2녀를 낳았다.

3·1 운동 이후 오산학교가 폐쇄되자 경성 배재고등보통학교 5학년에 편입하여 졸업하고 1923년에는 일본 도쿄 상과대학에 입학하였다. 소월이 문과를 택하지 않고 상과를 택한 것은 시인으로는 먹고 살기가 어려워서였다고 김억은 회상하였다.

소월은 1923년 9월에 관동대지진이 발생하자 1924년

학업을 중단하고 귀국한다.

　귀국한 김소월은 이 무렵 서울에서 우리나라 단편소설의 대표 작가인 나도향(벙어리 삼룡이, 물레방아, 뽕의 작가)을 만나 친구가 되었고 《영대》 동인으로 활동하며 소월은 스승인 김억과 함께 경성에 가서 취직자리를 알아봤으나 일자리를 구하지 못하고 결국 고향으로 돌아가게 된다.

3. 청년시절

　소월은 고향으로 돌아간 후 조부가 경영하는 광산 일을 도왔으나 광산업이 잘 되지 않아 1926년에 구성군 남시면에 동아일보 지국을 개설하고 자신이 지국장이 되어 제작 배달 수금까지 직접 다 했으나, 일본군의 방해와 주민의 의식부족으로 1927년에 지국을 폐쇄하며 빈곤에 시달렸다.

　당시 스승인 김억에게 "세기는 저를 버리고 혼자서 달아난 것 같습니다. 독서도 습작도 아니합니다. 인제는 돈이 없으니 무엇을 해야 되느냐고 노상 묻기만 합니다."라고 편지를 보냈다.

　아버지도 가장 구실을 못 하고 집안 재산의 절반을 투자해 일본 유학을 갔는데 공부를 마치지 못하고 돌아온 것에 대한 회한과 자책감으로 우울증에 시달렸다.

소월이 죽기 이틀 전, "여보, 세상은 참 살기 힘든 것 같구려. 돈 벌러 만주로나 떠날까?"라면서 쓴웃음 짓기도 했다고 한다.

소월은 류머티즘으로 고생을 하다가 1934년 12월 24일 평안북도 곽산에서 향년 32세에 뇌졸중으로 세상을 떠났다. (소수설)

반면, 소월은 심한 관절염을 앓고 있었고 통증을 완화하기 위해 오랫동안 아편을 복용했다고 한다. 곽산 장에서 사 온 아편 과다복용의 후유증으로 인해 사망했다고 한다. (다수설)

4. 근거없는 홍명희와의 관계

홍명희는 충청도 괴산군 괴산읍 동부리(괴산 홍범식 고가)에서 출생하였다. 괴산군은 예부터 기묘하게 생긴 산과 느티나무가 많아 괴산군으로 불렸다.

인터넷, 유튜브, 위키백과 사전, 국내외 학자들도 김소월의 장인이 홍명희라고 주장하고 있다.

김소월은 1916년에 결혼하였는데 홍명희의 쌍둥이 두 딸은 1921년에 태어났다. 김소월의 처 홍단실은 1899년에 태어났다. 그런데 홍명희는 13세 되던 1900년에 참판 민영만의 딸과 혼인하였다.

민영만은 을사조약 당시 자결한 충정공 민영환과 6촌사이이다. 즉 홍명희가 결혼한 해(1900)보다 홍단실이 1년 먼저 태어난 것이다. 1903년 홍명희 장남 홍기문이 태어날 때 홍명희는 16살 조부 홍범식은 33세였다. 그러므로 김소월이 홍명희의 사위라는 말은 홍명희 가족관계 등을 검증하여 본 결과출생 연대적으로 사실과 다른 것으로 확인되고 있다.

홍명희는 일제 강점기 당시(일본유학 시절)에 이광수, 최남선과 더불어 조선의 3대 천재로 꼽혔으며, 일제하 감옥에서 쓴 소설 《임꺽정》의 작가로 동아일보에 10년간 연재하였고. 본관은 풍산. 호는 벽초이다. 일생동안 소설창작, 언론활동(조선, 동아일보), 정치활동 등 다양한 활동을 하였다.

홍명희는 북한 건국 후 김일성 수상 밑에 3명의 부수상 중 한 명이 되었는데, 박헌영은 부수상과 외상, 김책은 부수상과 산업상, 홍명희는 교육문화 분야를 담당하였다.

1910년 8월 29일 홍명희 아버지 홍범식은 대한제국의 관료(금산군수)로 경술국치에 치욕을 느껴 울분을 참지 못하고 자결하였다. 일본에서 공부하던 홍명희는 아버지의 자결 소식을 듣고 충격을 받아 학업을 포기하고 조선에 돌아온다.

대부분의 월북 문인들이 숙청당했음에도 불구하고 홍명희는 고위직에서 승승장구한 것은 이러한 김일성과의 유착관계가 작용했을 것이다.

홍명희(1888-1968)

장남 홍기문(1903-1992) 북한 사회과학원 부원장. (조선왕조실록 번역)

손자 홍석형(1936 출생) 북한 노동당 재정부장 숙청 처형.

손자 홍석중(1941 출생) 소설 황진이 제19회 만해문학상. (당시 상금 천만 원)

차남 홍기무(1910 출생) 정인보의 차녀와 결혼.

3남 홍기하(1919-1920) 3·1운동으로 옥고를 치른 후 빈곤 속에 돌이 지나면서 죽음.

장녀 홍수경(1921 출생)

차녀 홍무경(1921 출생) 쌍둥이 자매.

3녀 홍계경(1926 출생)

김일성대학 총장을 지낸 황장엽 회고록에 의하면 김일성 사망 14일 전에 북한을 방문한 카터 전 대통령이 남북정상회담을 권유했는데 7월4일 묘향산 특각에서 남한의 YS 대통령 맞이하는 방식에 관해 김일성과 김정일이 다투다 뇌출혈로 죽었다고 한다. 그런데 그날 밤 폭우가 심하게 내려 구급헬기가 별장에 접근하지 못했다고 한다.

5. 작품 경향

 소월은 오산학교 때 세 살 많은 오순을 사랑했지만 이미 오산학교 재학 중 조부의 친구와 정혼 약속으로 홍단실과 마지못해 14세인 1916년에 혼인한다. 후에 오순도 마지 못해 다른 사람과 혼인하여 둘의 연락은 끊겼지만 소월은 그녀를 잊지 못했다.
 1902년생인 소월은 그가 사랑한 여성은 둘 다 3살 연상의 홍단실과 오순이었다.
 몇 년 뒤 19세에 결혼한 오순이가 결혼 얼마 후인 22세에 의처증으로 폭력을 일삼는 남편에게 맞아 사망했다. 소월은 장례식에 참석하고 돌아온 후 피를 토하는 심정으로 초혼이라는 시를 바쳤다.

 초혼

 산산이 부서진 이름이여
 허공중에 헤어진 이름이여
 불러도 주인 없는 이름이여
 부르다가 내가 죽을 이름이여
 심중에 남아 있는 말 한 마디는
 끝끝내 마저 하지 못하였구나.
 사랑하던 그 사람이여

사랑하던 그 사람이여

붉은 해는 서산마루에 걸리었다.
사슴의 무리도 슬피 운다.
떨어져 나가 앉은 산 위에서
나는 그대의 이름을 부르노라.

설움에 겹도록 부르노라.
설움에 겹도록 부르노라.
부르는 소리는 비껴가지만
하늘과 땅 사이가 너무 넓구나.

선 채로 이 자리에 돌이 되어도
부르다가 내가 죽을 이름이여!
사랑하던 그 사람이여!
사랑하던 그 사람이여!

〈초혼(招魂)〉의 문화적 배경—고복 의식

고복 의식이란 사람이 죽었을 때, 그 사람이 살아 있는 동안 입던 저고리를 왼손에 들고 오른손은 허리에 대고 지붕이나 마당에서 "아무 동네 아무개 복(復)" 하고 세 번 부르는 행위이다. 이는 죽은 이의 혼을 불러 그를 되살리려는 마음을 표현한 것이라고 할 수 있는데, 죽은 사람이 살아날 수는 없는 것이니 땅에 묻어야 하는 슬픔과 허탈

감에서 나오는 마지막 몸부림일 것이다. 고복 의식에서 죽은 이를 부르는 행위가 곧 '초혼'이다.
 이 작품이 실제의 고복 의식을 형상화한 것은 아니지만, 사랑하는 사람을 잃은 슬픔과 허탈감, 절망감으로 절규하는 화자의 심정은 고복 의식과 다를 것이 없으므로 '초혼'이라는 제목을 붙인 것이다.[1]
 초혼의 1연은 부재(죽음)하는 이름을 부르는 슬픔이다. "이름이여"는 돌아올 수 없는 사별한 임의 이름을 뜻하며 반복을 통한 사별의 아픔을 강조하였다. (헤어진은 흩어진의 평안도 사투리)
 2연은 화자의 슬픔이 임의 죽음에서 오는 충격뿐만이 아니라 사랑을 고백하지 못한 자책과 회한 그리고 아쉬움과 안타까움을 나타낸다. 심중에 남아있는 말 한마디는 사랑한다는 말을 의미하며, "사랑하던 그 사람이여"의 반복을 통해 이별의 아픔과 그리움을 강조하고 있다.
 3연은 이별로 인한 슬픔과 허무감을 나타낸다. 붉은 해는 화자의 슬픔과 허무감을 고조시키고 있으며. 사슴의 무리는 객관적 상관물. "떨어져 나가 앉은 산"은 이승과 저승의 경계인 공간을 상징한다.
 4연은 극복할 수 없는 절망적 거리감(단절감). 겹도록은 감정이 동하여 억제할 수 없음을 의미하며, 비껴가지만은 메아리를 의미하며, 하늘과 땅 사이가 너무 넓구나에서는 임을 향한 깊은 절망감이 나타난다.

5연은 임을 향한 슬픔의 극한과 처절한 그리움을 상징한다. 돌은 슬픔과 한, 소망의 응결체로 "선 채로 이 자리에 돌이 되어 도는 망부석 설화를 모티브로 한 부분이다.[2]

진달래꽃
나 보기가 역겨워
가실 때에는
말없이 고이 보내 드리우리다.

영변에 약산
진달래꽃
아름 따다 가실 길에 뿌리우리다.
가시는 걸음걸음
놓인 그 꽃을
사뿐히 즈려밟고 가시옵소서.

나 보기가 역겨워
가실 때에는
죽어도 아니 눈물 흘리우리다.

《진달래꽃》은 1925년 12월 26일 매문사에서 발행된, 김소월 생전에 발간된 유일한 초판본 시집으로 김억이 자비를 대어 출판했다. 김억은 물론 소월의 장례도 치러주었다. 스승이 제자를 끝까지 돌보아 준 훌륭한 사제관계이다.

진달래꽃은 시적 화자의 분신이며 자신의 희생적 사랑, 아름답고 강렬한 사랑, 임에 대한 순종을 나타낸다. 꽃을 뿌리겠다는 행위는 표면적으로는 떠나는 임에 대한 축복을 나타내지만 내면적으로는 가지 말라는 만류의 의미가 들어 있다

이 시의 제목이자 중심 소재인 '진달래꽃'은 '두견화'라고도 하며, 설화와 연결되어 슬픔의 이미지를 드러낸다. 이 시에서도 '진달래꽃'은 단순한 자연물이 아니라, 임에 대한 화자의 헌신적 사랑을 형상화하기 위해 선택한 표상이자, 화자의 분신과도 같은 꽃이다. 즉 떠나는 임에 대한 원망과 슬픔의 표현이며, 끝까지 임에게 헌신하려는 화자의 순종을 상징하는 것이다.

'진달래꽃'의 어조

이 시의 화자는 이별의 슬픔을 감내하면서 임에 대한 애절한 사랑을 은근히 드러내는 인종(忍從)적인 여성의 어조를 보이고 있다. 그러나 이러한 애상적인 호소 속에 자신의 충격과 슬픔, 그리고 이별이 가져다줄 커다란 상처를 은근히 드러냄으로써 임이 떠나지 않기를 바라는 간절한 심정을 전달하고 있는 것으로 볼 수도 있다.[3]

오순이를 그리워하며 '못 잊어' '예전엔 미처 몰랐어요' '개여울' '먼 후일' '그리움' 등 주옥같은 시들이 모두 3년

연상의 여인 오순을 그리워하며 지은 러브스토리다.

못 잊어
못 잊어 생각이 나겠지요.
그런대로 한 세상 지내시구려
사노라면 잊힐 날 있으리다.

못 잊어 생각이 나겠어요.
그런대로 세월만 가라시구려
못 잊어도 더러는 잊히오리다.

그러나 또 한긋 이렇지요.
그리워 살뜰히 못 잊는데
어쩌면 생각이 떠지나요

6. 평가

 사후 43년 만에 1977년 그의 시작 노트를 발견했는데, 여기에 실린 시 가운데 스승 김억이 이미 발표한 게 있어 사람들을 놀라게 했다. 김억이 제자인 소월의 시 일부를 자신의 시로 발표했던 것이다.
 그러나 김소월도 스승인 김억의 번역시 일부를 인용하였다. 1956년 서울 대학 신문에는 아일랜드 예이츠의 〈천상의 날개〉라는 시를 김억이 번역했는데 마지막 부분인 "…가시는 걸음걸음 놓인 그 꽃을 사뿐히 즈려밟고 가시옵소서"는 김억이 탁월하게 번역한 것을 소월이 진달래꽃에서 그대로 인용했다고 서울대 영문과 장왕록교수(서강대 장영희 교수 부친)가 지적하였다.[4]

  1981년 금관문화훈장(1등급)이 추서되었으며 서울 남산에 그를 기리는 시비가 세워졌다.
  1986년 조사 결과 발표에 따르면, 한국 가곡의 20%가 김소월의 시에 곡을 붙인 것이며 그 수에서 가곡 시인 중 단연 압도적이다.

  〈엄마야 누나야 강변 살자〉 조수미 등.
  〈진달래꽃〉 마야, 소찬휘, 박청강 김상은 등.
  〈개여울〉 정미조, 아이유 등.
  〈초혼〉 장윤정, 민지, 김호중 등.
  〈못 잊어〉 패티 김, 김종국, 장은숙 등.
  〈먼 후일〉 최진희 등.
  〈나는 세상모르고 살았노라〉 배철수 등.
  〈산유화〉 양희은 등 수많은 가수들이 김소월 시로 노래를 불렀다.
  또한 대학수능시험에 한국인 귀화시험에 〈진달래꽃〉 시를 지은이가 누구인가라는 문제가 나오기도 했다. 가장 많이 묻는 국민시인이기도 하다.

《진달래꽃》은 한국문단 사상 초유로 2011년도 문화공보부에 시집으로는 우리나라에서 처음으로 문화재로 등록되었다. (<진달래꽃> 초간본: 매문사. 한성도서 주식회사, 개인소장)

김소월은 한국의 전통적인 한(限)과 서정을 노래한 시인으로 아일랜드의 예이츠, 영국의 워즈워드. 러시아의 푸시킨, 인도의 타골처럼 사실상 20세기 한국이 낳은 가장 위대한 시인으로 평가되고 있다.

7. 가족 관계

김소월은 4남 2녀를 낳았는데 장녀 김구생과 3남 김정호를 제외하고는 모두 북한에 남았다.

장녀 김구생은 한국전쟁 후 요절했으며 3남 김정호는 6·25때 인민군으로 포로가 된 후 수감생활을 하다 전향하여 그 후 남한에 남았다. 1958년 결혼해 1남 1녀를 두었는데, 매우 곤궁하여 월탄 박종화의 서신을 받은 이효상 국회의장의 배려로 8년간 국회 수위를 하기도 했으나 일생 가난하게 살다가 2006년 세상을 떠났다.

김영돈과 김은숙 1남 1녀가 남한에 살고 있으며 외증손녀 김상은이 소월 시 가수로 활동하고 있다.
- 아버지: 김성도
- 어머니: 장경숙

- 작은어머니(숙모): 계희영
- 부인: 홍단실-홍시옥의 딸(위키백과 인용)
- 아들: 김준호, 김은호, 김정호(1953년 반공포로로 석방), 김낙호.
- 딸: 김구생, 김구원.
- 손녀: 김은숙
- 손자: 김영돈

따라서 김소월 평전은 앞으로 북한 사료검증이 더 필요할 것이라고 밝히면서 연구를 거듭 해야 할 것이다.

8. 결어(結語)

이상의 논증을 고찰한바 김소월은 1902년생으로 평북 오산학교 재학시절 고향 구성군 평지면 홍사옥의 딸 1899년생인 3년 연상의 홍단실과 결혼하였는데 벽초 홍명희는 1900년 참판 민영환의 딸과 혼인하여 홍명희가 결혼한 해보다 홍단실이 1년 먼저 태어났다. (4. 홍명희와의 관계 참조)

홍명희 자녀 3남 3녀의 자녀중 홍수경, 홍무경(1921년생 쌍둥이), 홍계경(1926년생) 출생으로 장녀 홍수경은 김일성 관저에 가정부도 들어가 있던 중 1949년 부인 김정숙이 사망하자 1950년 홍수경과 재혼하였다.

따라서 김소월이 홍명희의 사위라는 말은 1912년생인 김일성과 동서지간이라는 것으로 사료에 검증되는바 없다.

김소월은 학창시절 사진은 있으나 생전의 사진이 없어 이어령 교수가 김소월 손자 등 관계자 설명으로 초상화를 그려 현존하고 있는 것이다.

※ 참고문헌
1. 오세영. 서울대 명예교수 김소월 평전(한국현대시 분석)
2. 김영삼. 소월정전(김소월 평전 295p) 성문각
3. 위키백과. 네이버 지식백과
4. 조선향토 대백과. 2008평화문제연구소 등
5. 김용직. 서울대 명예교수(김소월 평전) 서울대학교 출판부
6. 김소월문학관 기획 및 자료 구비 검증
7. 풍양홍씨(홍명희) 족보구입 검증(25세손 홍건석)

인문학 성찰(省察)이 명품인간을 만든다

　인문학은 인성(人性)을 형성하는 학문이다. 나는 누구이고 어디에 서 있으며 어디로 가야 하는지, 길을 묻는 학문이다.
　오늘날 문명의 혜택을 누리고 있는 현대인들이 인성의 상실로 인한 보편적 가치의 문제들은 어디서 오고 있는 것일까.
　사람들은 관성적으로 성공을 향해 달려가고 있을 뿐, 왜 성공해야 하며 원하는 삶이 무엇인지 가치관(價値觀)이 표류하고 있는 것은 인문학의 부재(不在)와 재화을 중시하는 경제적 실용주의라 하겠다.

　인문학(humanities)은 우리의 정체성을 이해하는데 불가분의 관계가 있고, 모든 학문의 기초이자 완성을 이루는 분야로 전통과 현대를 잇는 발판이기도 하다.
　아울러 창조적인 융합문화와 문화독해력을 통하여 어휘력, 표현력, 이해력 등 인격을 높일 수 있다.
　특히 청소년 시기는 인간으로 살아가는 도리를 습득하는 중요한 단계로써 그 사람의 인성과 창의성이 이때에 형성된다고 볼 수 있다.

인문학에 담긴 가르침과 교훈을 통해 참다운 인간으로서 바람직한 삶을 영위하도록 하는 것이 인문학 성찰의 필요성이라 하겠다.

따라서 인문학적 성찰은 지식을 세분화해 하나의 영역으로 접근하는 프레임을 바꿔야 한다.

인문학을 대표하는 학문으로서는 철학 문학 역사라고 할 수 있다.

철학을 통하여 인간이란 무엇인가? 근본적이고 존재론적 탐구와 자연법칙의 순환에 접근하고 문학을 통하여 생애에 일어나는 일을 간접 경험하며 예수와 석가도 이순신도 만난다.

역사를 통해 과거에 인류가 걸어온 과정을 알고 미래를 가설할 수 있는 통사적 가치를 함유한다

인문학은 좀 더 성숙한 사람, 성찰하는 사고의 범주를 넓혀주어 지혜의 샘물인 미미르샘과 같아 지표에서 보이지 않는 수맥을 관리하고 개발하듯 해야 한다.

시카고 대학 로버트 허친스 총장은 "인류의 지적 유산인 인문 고전 100권을 읽지 않은 학생은 졸업을 허용하지 않겠다"며 설령 바보일지라도 독서법을 충실히 따른다면 아인슈타인이나 에디슨이 그랬던 것처럼 천재적인 두뇌를 가진 인재로 변화될 수 있다는 사실을 알고 있었다.

그는 학생들에게 의무적으로 동서양 고전을 읽는 시카고 플랜을 시행하였다.

첫째, 자신에게 가장 알맞은 닮고 싶은 위인을 한 명 선택하라.

둘째, 인생의 좌우명이 될 수 있는 가치를 발견하라.

셋째, 스스로 발견한 가치를 추구하기 위한 꿈을 가져라.

처음에는 어떤 변화도 일어나지 않았지만 읽은 책의 수가 30권, 50권을 넘어서면서 드디어 변화가 보이기 시작했다. 위대한 고전을 쓴 저자들의 사고가 학생들의 머릿속에 서서히 자리 잡기 시작했던 것이다.

오늘날 시카고 대학 출신의 노벨상 수상자는 하버드대 보다도 많다.

중국 이공계 명문 칭화대 후둥청부총장도 시카고 대학처럼 고전 1백 권 읽기 프로그램을 실시하고 있다.

"현대과학을 연구하면서 나타나는 의문에 대한 해답을 고전을 통하여 찾을 수 있다."며 그는 2009년 우리나라를 방문해 "우리는 학생들에게 과학 교육을 시키기에 앞서 훌륭한 덕을 쌓도록 인격교육을 먼저 시킨다."고 밝힌 바 있다.

인성은 인격 중심에 있다.

인성은 가정교육. 학교 교육. 사회교육 등 모든 교육환경에서 형성된다.

인성에 도움이 되는 책들은 앞에서도 언급한 것처럼 주로 동서양의 고전들로서 인문학 성찰의 기록이라고 할 수 있다.

얼 쇼리스는 빈곤에 관한 책을 쓰려고, 살인죄로 8년째 복역 중인 20대 초반의 할렘가 출신 여자 죄수와 대면했다. 왜 그런 삶을 살았느냐고 물어보니, 뜻밖의 대답이 나왔다.

정신적 삶이 없었기 때문이라는 것이다. 정신적 삶이 무엇이냐고 물으니, 독서, 연주회, 박물관, 강연 같은 것이라는 대답이었다.

인문학은 인간으로서의 기본자세와 시대정신을 탐구하는 한 시대의 지성의 상징이다.

인문대학이 없으면 종합대학이 될 수 없다.

인문학은 한때 "인문학이 밥먹여 주냐."는 냉대 속에서 '교양' 정도로 생각되어 왔다.

그러나 컴퓨터, AI 등 과학기술이 발달하면서 오히려 이를 운용하는 사고의 기본은 인문학적 상상력이라는 각성이 일어나 기존의 교양강좌는 인문학강좌라는 이름으로 왕성하게 열리고 있다.

카이스트 포스텍같은 유수한 과학기술 대학에는 인문학 교수단이 따로 꾸려져 있다.

또한, 외국 바이어는 그 나라 국민시 1~2편 정도는 낭송하여야 정서적 접근이 이루어지며 바이어 프로젝트가 성공한다는 일화가 있다.

문학은 인간의 생각이나 상념을 그속에 반영하고 보다 아름답고 풍요롭게 해 주는 인간만이 지닌 소중한 정신문화 예술의 소산이다.

임진왜란이 끝난 6년 후인 1604년 사명당은 조선 포로를 구하러 일본에 건너가 도꾸가와 이예야스와 시(詩)로 선문답(禪問答)을 나누었다.

"돌 위에는 풀이 나기 어렵고 방중에는 구름이 일기 어렵다. 그대는 어느 산의 새이기에 봉황의 무리를 찾아왔느냐?"라고 묻자 사명당은 "나는 본래 청산의 학이어서 항상 오색구름 위에 놀았는데, 하루아침에 구름과 이슬이 사라져서 닭들의 무리 속에 떨어졌노라."라고 답하였고 이에야스를 감동시킨 사명당은 조선인 포로 3천 명을 데리고 환국했다는 기록이 국가 중요대사에는 땀을 흘린다는 표충비(表忠碑)에 새겨져 있다.

뜻을 이룬 사람들은 모두 절망의 늪에서 세상을 꿈꾸었다. 그들을 휘감는 모진 바람 속에서도 든든한 버팀목이 되어준 삶의 뿌리가 있었기 때문이다. 그 뿌리의 원류는 인문학이며 인성의 보편적 가치를 추구한다.

중국의 시진핑 정부는 다시 초,중, 고등학교에서 《사서삼경》 등 인문학 공부를 시키고 있다.

한 자녀만 낳게 했더니 모두 버릇없는 소황제처럼 자랐다는 것이다.

국가의 교육 정책이 이러할진대 한 개인에게 있어서 인문학 공부는 그를 명품으로 만드는 필수적인 요소라 할 수 있다.

고통과 좌절의 순간에서 생각의 전환만으로 회복탄력성이 바뀌고 인생을 변화시켜줄 책 속에서 길을 찾아야 할 것이다.

영혼을 울리는 내공의 한 줄이 지혜와 용기. 새로운 시각에서 위로까지 얻을 수 있다.

당신에게도 영혼(靈魂)을 울려줄 운명의 한 줄, 한 문장이 있는가?

문학을 통한 남북교류는 가능한가

1. 서론(序論)

　문학이란 우리 인간의 삶과 영혼을 보다 아름답고 풍요롭게 해 주며 정신세계를 확장시켜 주는 언어 예술로서 우리 인간의 영적, 지적인 성장의 밑거름이 된다. 문학은 다양한 언어들로 이루어졌다는 점에서 다른 예술과 구별된다.
　남북은 예로부터 같은 말 같은 글을 써온 한민족이었으며 언젠가는 반드이 통일이 되어 함께 살아가야 하는 공동체적 운명이다.

　따라서 우리 민족은 통일이 되었을 때 서로 말과 글, 문화와 풍습, 문학풍토 등이 달라서 서로의 소통이 잘 안 된다거나 이질감이나 거부감 같은 것들을 느껴서는 안 된다.
　우리 민족이 통일되었을 때 한민족으로서 동질성을 회복하고 상호 이해의 폭을 넓히며 문화적 문학적 차이를 극복하고 융합하는 데에도 큰 역할을 한다.

그러나 북한에서는 우리 남한과는 달리 인민대중을 사상적으로 교양하는 사회적 의식의 한 형태로서 언어를 기본 수단으로 하여 생활을 형상적으로 반영하는 예술의 형태를 가리켜 문학이라 한다.

1+1은 2가 아니라 3이라는 말이 있다. 슈퍼마켓에서만 쓰는 말이 아니다. 의사들이 말하기를 고혈압과 당뇨가 있으면 제3인 합병증도 온다는 말이다. 반대로 좋은 점에 있어서도 통용이 된다.

남북한의 문학이 서로 교류하여 합쳐진다면 3이 될 수도 있다. 우리문학이 번역만 잘 이루어지면 노벨문학상 수상도 그만큼 앞서갈 것이다. 요즘 아프리카 라틴 아메리카에서도 좋은 작품이 많이 나오고 계속하여 노벨문학상을 수상하고 있다.

남한문학과 북한문학은 이와 같이 세계문학의 틀 안에서 만나야 한다.

"재일조선인 문학인 자이니치문학은 남과 북의 문학을 객관화 할 수 있는 시선으로 접근할 수 있다. 우리에게 시급한 분단체제의 문제를 슬기롭게 극복하는 수단도 된다. 재미동포들의 문학작품까지 합치면 한민족의 문학은 크게 넓어진다. 재일동포 유미리는 1997년 소설 가족시네

마로 아쿠타카와상을 수상하고 미국 최고권위의 전미도서상(번역부문, 우에노역 공원출구)을 수상했다. 시인 최돈미도 시집 DMZ 클로니로 전미도서상을 수상했다."

일본 강점기 최고 번역가 김억은 유럽시를 번역하면서 우리 시의 형식과 감정, 정서까지 고민했다. 단순히 번역만 한 게 아니라 한국시를 새롭게 창조하려고 했다. 소월의 진달래꽃 마지막 부분 "가시는 걸음걸음 놓인 그 꽃을 사뿐히 즈려밟고 가시옵소서"는 아일랜드 예이츠의 <천상의 날개>라는 시를 김억이 번역한 것을 김소월이 그대로 쓴 것이라고 1956년 서울대학 신문에서 영문과 장왕록 교수(장영희 교수 부친)가 지적하였다.

정지용은 1939년(38세)에 《문장》지의 시 부문 추천위원이 되면서 박목월 시를 심사하며 "북에는 소월이 있고 남에는 목월이 있다."고 하였다. 그 외 조지훈 박두진 이상 윤동주 등을 모두 등단시켰다. 28세에 일제감옥에서 옥사한 윤동주 시도 높게 평가한 이도 정지용이었다. 그러나 납북되어 아깝게 작고했다.

남북 문학 교류와 문화통합 논재에 앞서 자의든 타의(납북)든 우리 문학사의 한 부분을 차지할 수 있었던 월북 문인들에 대해 간단히 언급해 보고자 한다.

백석 정지용 등은 많은 여성들의 흠모의 대상으로 마치

황진이의 시조처럼 주옥같은 시들을 남겼다. 북한 애국가를 작사한 박세영은 1959년 공훈작가로 추대되었다.

"요정 대원각의 주인으로 법정 스님에게 길상사를 기부한 자야(김영한, 1916~99)와의 사랑 이야기도 있다. 박경련과 결혼하려다 실패한 백석은 1936년 함흥 영생여고보 회식에서 만난 김영한과 사랑에 빠진다. 백석은 김 씨를 '자야'라 부르며 서울 청진동에서 잠시 동거하기도 했지만 39년 백석이 만주로 떠나며 헤어진다."

1902년 충북 옥천에서 태어난 정지용은(김소월과 출생 연도 같음) 11살 때인 1913년 송모 여인과 결혼했다. 같은 해 출생한 김소월의 노래하는 슬픔의 시와 아주 다르다는 점에서 지용은 독창적이었다. 지용의 시는 정서를 물질적 이미지로 변용시켜 조형적 견고성을 부여했으며 이를 통해 한국의 근대시는 현대시로 탈바꿈했다. 지용의 산수시는 자연에 대한 탐구이며 인간의 삶에 대한 탐구다.

"북한문학과 한국문학은 서로 매우 다르다. 북한의 문학은 북한식 사회주의 체제하에서 생산된 것이기 때문에 중국과 같은 사회주의 국가와도 다르며 우리와 같은 자본주의 문학과는 크게 다르다. 시장경제 하의 한국사회에서 문학작품은 작가 개인이 생산한 작품이다.

북한사회에서 작가란 체제로부터 인정을 받아 작가의 지위에 오른 일종의 공무원이라 할 수 있다. 북한문학은 체제와 권력의 직할 역할이기 때문에 '항상 당의 문예정책이 개별 비평가의 판단을 일방적으로 누를 수 있는 까닭이다."

북한문학에서 강조하는 것은 인민성의 원칙이다. 인민성의 원칙이란 인민의 입장에서 인민의 이해관계를 대변하고, 인민이 이해할 수 있어야 한다는 원칙이다. 인민들이면 누구나 쉽게 이해할 수 있을 만큼 주제가 분명하고 이해하기 쉬워야 한다.

1970년대에는 수령과 조국을 칭송하는 문학이 많이 창작되었으며, 1980년대부터는 거의 순수하게 남녀 사랑을 주제로 하는 문학이 주류를 이루었다. 1990년대 들면서 북한의 경제가 어려워지고, 고난의 행군을 지나면서 체제 위기가 심화되자 북한 문학은 다시 경직되기 시작한다.

김정일은 1990년 12월 27일 작가 기본역량인 조선문학창작사에 보낸 서한에서 작가들을(당의 영원한 동행자, 조언자, 방조자)로 불러주면서(당 정책의 철저한 옹호자, 관철자)가 되라고 역설했다. 그는 김부자를 찬양하는 작가들을 자주 만나 금시계, 가전제품들, 고급주택을 선물하는 등 물질적 배려를 통하여 그들의 창작 열기에 날개를 달아주고 있다.

대표적으로 김정일은 1990년 작가 기본집단인 조선문학

창작사, 4.15문학창작단, 조선영화문학창작사 작가들의 주택문제를 완전히 해결해주어 신인 작가들까지도 좋은 주택에서 TV 냉장고를 갖추어 살게 되었다.

"북한작가들은 현역 작가와 현직작가로 나누어 활동하고 있다. 현역 작가는 창작사에 소속되어 창작활동만을 전업으로 하는 작가를 말하며 현직 작가는 출판사나 대학 등에 속하여 직장 일을 하면서 창작활동을 하는 작가를 말한다. 또한 당 대남사업부인 사회문화부, 인민무력부, 국가안전보위부, 사회안전부, 철도부, 조선중앙 방송위원회 등에서 창작활동을 하고 있다.

대표적인 4.15문화창작단은 김 부자와 그 가계를 주제로 한 소위 혁명소설을 전문으로 창작하는 소설가들의 집단이다. 북한의 가장 우수한 작가들이 소속되어 있다.

조선문학 창작사는 본사와 함께 평양시와 각 도에 창작실을 두고 있다. 조선 영화 문학창작사는 시나리오 작가 집단이다."

정치적 종속이 강화된 북한문학은 선군정치가 본격화되기 시작한 2000년을 즈음하여 혁명문학에서 선군문학으로의 전환을 시도하기 시작한다. 그러나 북한이 주장하는 선군문학은 군인을 주인공으로 하거나 군대용어를 문학에 접목하여 사용하는 것 외에 분명한 창작 방침이나 이론이 있는 것이 아니다.

　북한문학 즉 주체문학의 관점에서 볼 때 정서는 계급과 관련된 것으로 파악한다.

　사상과 감정은 불가분의 관계에 있는데, 그것은 사람의 감정이 현실과 연결되어 있기 때문으로 해석한다.

　우리 민족의 문학적 전통은 주인공의 성품이 아름답고 고상하고, 사건의 전개가 순조롭게 시간의 순서에 따라서 전개되는 순차적 구조로 이루어져 있으며, 논리적이기보다는 감정적 구조를 통하여 극적인 특성을 드러낸다고 하겠다. 따라서 북한문학의 특징 중 하나가 사상성과 서정성의 결합이기에 문학성을 탐색하기 위한 방법은 어느 정도 제한적일 수밖에 없다.

2. 남북문학(南北文學)의 현실과 통합방안(統合方案)

　결국 북한에서는 문학이란 인간의 자유로운 감정이나 정서. 사상. 독창적인 사고를 통해 인간과 사회근원적인 문제들을 살피며 이를 작품으로 형상화하는 것이 아니라, 사회주의 혁명사상으로 무장된 인민을 양성하기 위한 사상적 도구로 이용되고 있는 것이다.

　따라서 북한의 소설이나 시, 수필, 평론 등은 그 형식

면에 있어서는 남한과 크게 다르지는 않지만 구성과 내용 면에 있어서는 남한과 확연한 차이가 있다.

김정일은 "문학예술혁명은 내용과 형식 창조세계와 창조방법의 모든 영역에서 낡은 것을 뒤집어 업고 새로운 주체의 문학예술을 건설하기 위한 사상문화 분야에서의 심각한 계급투쟁이다."라고 말하므로 북한의 문학사상은 주체사상의 구현이라고 볼 수 있다.

그 기념비적 대작이 피바다이다. 피바다는 북한이 자랑하는 항일혁명문학예술의 대표작으로 〈꽃 파는 처녀〉, 〈한 자위단원의 운명〉과 함께 3대 혁명대작으로 꼽힌다.

북한에서는 문학의 여러 장르 중에서도 특히 소설이 가장 중요한 위치를 차지하고 있다.

그래서 북한은 소설을 가리켜 "인민들 속에 가장 사랑받는 문학의 형태"로 규정하고 있으며 한 나라의 문학 수준은 소설문학의 사상적, 예술적 높이에 따라 평가된다고 하며 소설의 발전을 강조하고 있다.

그만큼 북한에서는 이야기체로 되어 있어 재미도 있고 이해하기 쉬우며 극적인 반전(反轉)도 있는 스토리 중심의 소설이야말로 인민대중을 선동하고 사회주의 선전과 김일성 일가에 대한 우상화 작업 등에 가장 적절한 문학의 형태로 여기고 있다.

사실 소설은 이러한 문학적 특징으로 인해 누구에게나

친근한 문학이다. 또 이런 점에서 소설은 우리 남한의 문학 장르 중에서는 자유분방하고도 난해한 남한의 시나 자유로운 사고에 의해 자유롭게 쓰는 남한의 수필 같은 것들보다는 북한 인민대중에게 가장 쉽게 다가갈 수 있을 뿐만 아니라 남북 문학의 교류에 있어서도 가장 큰 가능성이 보인다.

다른 이념 속에 있는 북한 사람들의 같은 고민은 세대 가족성 그리고 사랑이다. 2000년 이후 동시대 북한문학 영화 미술 음악 등에 반영된 감성적 경향이 있다. 북한 인민들도 삶의 구체적 현장에서는 우리와 마찬가지의 고민과 문제들에 봉착해 있다.

그러나 남한의 소설에서 흔히 볼 수 있는 자유분방함과 개인주의적 색채, 자본주의적 퇴폐적인 내용, 대통령을 비롯한 권력층 및 독재정권. 또는 재벌이나 악덕 기업주 등에 대한 거침없는 비판, 사회적 모순에 대한 맹렬한 질타, 인간의 찰나적 욕망과 본능적 육체적 사랑을 적나라하게 그려낸 내용 등은 북한 당국에서는 용납하기 어렵다.

이에 비해 자연의 아름다움이나 가족 혹은 사랑하는 사람들에 그리움, 사랑의 기쁨 같은 것들을 노래한 작품이 많은 남한 시는 그래도 직접적인 표현으로 북한을 자극할 만한 내용이 적은 편이다.

따라서 북한 당국에서는 남한의 여러 장르문학 중에서 남북문학 교류시 특히 시에 대해 가장 관대할 것으로 보이며 소설 또한 허구성으로 이루어진다는 점에서 가능하며 수필만이 진실성을 담보하는 고백문학인 만큼 남북한 간의 문학 교류에 있어서는 시와 소설이 가장 무난하지 않을까 생각된다.

위에 언급한 바와 같이 남북한 간의 현재 문학교류는 급히 이루어지기가 쉽지 않다.

북한의 한국전쟁 시기 점령 경험을 한국전쟁을 배경으로 한 한설야의 소설 《대동강》을 통해 《대동강》의 주인공은 어린 여성 '점순'과 인쇄 노동자들이다. 이는 당시 평양에서 저항과 투쟁의 서사를 만들 수 있는 것은 하위주체들밖에 없었기 때문이다.

점순이 전쟁의 참혹한 모습을 목격하고 투쟁 의지를 갖는 것을 통해 평양 시민들에게 복수의 메시지를 전한다.

《대동강》은 투박하지만 사실주의적으로 전쟁을 묘사한다. 동시에 지도부가 귀환하여 일상이 회복되는 모습을 강조한다. 한국전쟁을 승리한 전쟁으로 기억하고자 하는 움직임이 나타난다.

북한 부수상을 지낸 홍명희(임꺽정 작가)의 손자 홍석중(북한 국어학자 홍기문의 아들)이 쓴 《황진이》는 남한에서 1973

년에 창비사가 제정한 만해문학상을 2004년도 7월에 결정하여 19회로 수상하였다. 남한 측에서 초청했지만 경색된 정치 상황으로 참석 못 하고, 북측 작가연맹이 제안한 금강산에서 2004년 12월 13일 수상하였다. 남한문학상을 북한 작가가 수상한 것은 처음이었다. 상패와 상금(천만 원, 현재는 2천만 원)과 노트북 컴퓨터가 수상되었다. 홍석중은 오랜 역사에서 북한에서 글을 쓰고 남한에서 상을 주는 일은 처음 있는 일이라며 감격해했다. 6·15선언 덕이라고 했다.

그리하여 본인은 3단계로 나누어 1단계에서는 우선 북한 내부의 사정에 정통한 탈북문학가들과의 교류를 통하여 탈북자들의 문학을 연구하고 그다음은 제2단계로서 만주 조선족들과의 문학 작품 교류를 하고자 하며, 조선족들의 북한과 중국 남한 생활을 비교한 문학 작품은 많은 교훈을 주며 시사하는 바가 넓다. 그다음에 북한과의 직접 문학교류를 시도해 보는 것이 바람직하다고 하겠다.

3. 탈북(脫北)문학

북한에서 희곡 작가였던 이지명 작가는 최근 장편소설 '두 형제 이야기'를 출간했다. 이 작품은 아버지는 같지만

어머니가 다른 이복형제로서 이념상 차이로 인한 갈등으로 서로 싸우고 죽이려고까지 하는 사상의 대립을 보여주는 작품이다.

이지명 본인은 2004년에 중국 베이징에 있는 한국 영사관을 통해서 대한민국에 2004년 11월 3일에 입국했다. 근 16년이 되어온다. 한국소설가협회를 통해 2008년 장편소설 《삶은 어디에》를 출간하면서 등단했다.

두 형제 이야기는 두 형제의 대립을 통해 현재 남북관계의 실체와 앞으로의 미래를 예고해 보고자 쓴 소설이다. 어머니가 남쪽에 있다는 사실만으로도 북한에선 사회적으로 매장당할 수밖에 없는 실정이다. 남쪽에서 평화를 제안한다고 해서 남북이 화합하고 동등한 입장에서 미래를 설계할 수 있다는 것은 말 그대로 꿈일 것이다.

4. 조선족 문학

1956년 8월 15일에 창립된 연변작가협회는 명칭은 연변으로 되어 있지만 실제상에서는 중국조선족작가협회의 역할과 기능을 감당하고 있다.

《아빠트》는 연변의 한 조선족 농촌마을에서 태어난 30살 좌우의 네 조선족 젊은이의 이야기를 다룬다. 철수는 연길의 한 파출소에 근무하고 있는데 연길에 아빠트가 없다는 리유로 사귀던 여자 친구로부터 버림을 받는다. 아일랜드에서 돈을 벌어 부모님에게 연길에 아빠트 한 채를 사주겠다던 박연은 불법체류가 들통나 그사이 모은 돈을 모두 날리고 자신보다 7살 어린 당지 남성과 결혼하는 것을 통하여 강제출국만은 면한다. 상해에서 박사공부를 하는 미자는 량가 부모님들이 10여 년 한국에서 번 돈으로 선불금을 내고 상해에 아빠트를 마련한다. 매달 6천 원씩 20년간 은행대출금을 갚아야 하는 부담을 안고 있지만 미자는 상해에서 대학 교수가 되여 "떠돌이 삶"을 자신의 세대에서 끝내겠다는 꿈을 안고 이악스레 살아간다. 한국에서 박사공부를 하는 영희는 사귀던 가난한 남자친구와 헤여지고 아빠트를 갖고있는 한국남성과 결혼한다. 작품 속의 인물들은 모두 "고향"을 등지고 도시에서 "아빠트" 때문에 울고 웃는다. 도시에 아빠트를 가졌다는 것은 도시에 정착하였다는 것으로 리해할 수 있다. 이로 보면 작품은 오늘날을 살아가는 조선족 젊은이들의 도시지향적인 삶과 도시정착 과정에 나타나는 문제점들을 반영한 것이다.

성균관대 김성수 교수는 전 세계의 코로나19 대처와 예방 방식을 언급하며, 코로나19 이전 문학작품을 통해 북한의 전염병 같은 재난과 그 극복의 전통을 가늠해 현재

북한 사회의 코로나19 대응 방식을 간접적으로 파악했다.

5. 결어(結語)

북한과의 문학 교류에는 상호 극복하고 해결해야할 어려운 문제들이 많다.

특히 북한의 문학에는 사회주의적 이념과 정치적 목적이 많이 수반되어 있고 남한의 문학에는 자유와 개인주의, 자본주의 색채가 많이 담겨 있기 때문에 남북 간의 문학교류에 있어서 갈등과 대립의 소지가 크다. 게다가 수시로 변하는 남북한 간의 정세와 정치적 군사적 기류, 경제문제, 미국과 중국 및 세계 여러 나라들과 연관된 갖가지 문제 등에 의해 남북한 간의 문학교류는 수시로 적지 않은 영향을 받을 수밖에 없다.

하지만 이러한 어려움과 갖가지 문제점들에도 불구하고 남북한이 5천 년을 함께 이어온 한민족으로서 통일 후에 우리 민족이 문화와 풍습, 문학과 언어 등의 차이로 인한 갖가지 갈등과 대립을 막고 새로운 통일 국가를 함께 건설하며 민족번영을 이루기 위해서는 통일 전이라도 꾸준히 문학교류를 해야만 할 것이다.

다만 북한이 아직도 사회주의적 이념과 정치 군사적 수단으로 여기며 남한의 자유주의적인 문학의 유입을 꺼리고 이를 수용하려는 의지가 없어 보이는 것이 안타까운 현실이다.

※**참고자료**
1. 홍정선, 인하대 교수. (북한 문학과의 교류 탐색)
2. 최수봉, 북한 작가들의 활동 내외통신, 귀순자.

문학을 통한 심리상담과 대체요법

문학은 오래전부터 인류와 함께 이어져 왔습니다.

고대로 올라가면 BC 1300년경 이집트 티베에 건립한 도서관을 "영혼을 위한 치유 장소"라고 불렀습니다.

도서관 입구에는 "영혼을 위한 약"이라고 새겨져 있다고 하며. 아리스토텔레스는 일찍이 시학에서 카타르시스를 논하면서 문학이 치료적 기능을 갖는 정서를 불러일으킨다고 하였습니다.

미국치료학회(National Assciation for Poetre Therapy: NAPT)에서는 "문학치료는 통합적 치료방법으로서 신체와 마음과 정신 건강을 돌보기 위해 다양한 수단을 사용한다. 이때 문학이 주도적으로 혹은 부수적으로 사용될 수 있다고." 하였습니다.

또한 문학치료에서는 훈련받은 문학치료사가 참여자들에게 "글쓰기 작업을 통하여 자신의 문제들을 인식하고 감정을 표현하게 함으로써 삶을 변화할 수 있도록 도와준다."라고 정의합니다.

우리나라에 문학치료학이 처음 선보인 것은 당시 이론화되지 않았던 문학치료학을 건국대 정운채 교수가 1999

년 연구원 10여 명과 14년간 문학치료학을 이론화하는데 성공하여 현재는 각종 연구재단 등재지로 인정받을 만큼 공인됐습니다.

흔히 문학치료라고 하면 독서치료와 같다고 생각합니다.

하지만 두 가지는 조금 다른 개념입니다.

독서치료가 책을 읽으며 마음을 치유해 가는 과정이라고 한다면 문학은 문학을 치료하는 학문이다. 여기서 말하는 책이 아니라 인간관계에 존재하는 문학을 의미합니다.

독서요법이 소극적이고 수동적인데 비해 문학치료는 보다 적극적이고 능동적인 치료를 넘어 육체적 질병까지 치료범위를 두고 있습니다.

일반적인 문학이 서사를 갖는 것처럼 우리 내면의 문학도 서사를 가진다.

이때 전자의 서사는 작품서사라고 하는데 후자는 한사람이 살아온 인생을 뜻하는 자기서사라고 정의하고 있습니다.

문학치료학의 기본 존재는 자기서사 즉 내면의 문학이 그 사람의 삶을 움직인다고 판단하고 있는 것이다. 그렇기 때문에 자기서사가 건강하지 못한 사람은 삶에도 한계가 있다고 봅니다. 결국 문학을 치료한다는 뜻은 한 개인의 서사에서 문제점을 찾고 앞으로의 인생을 올바르게 살도록 교정해 주는 일이라 할 수 있습니다.

이러한 자기서사는 그 사람의 심층에 존재하기 때문에 본인은 잘 알지 못합니다.

간혹 자신의 서사가 어떤 문제를 가졌는지 이미 알고 있는 사람도 있지만, 보통은 몸의 문제는 잘 알아도 내면의 아픔에는 귀 기울이지 않기 때문입니다.

그래서 마음속에 큰 병이 생겨도 제때 치료를 받지 못합니다. 병원에 가서 정기진단을 받는 것처럼 마음의 문제도 문학으로 진단받는 과정이 필요하다는 것입니다.

따라서 우리들 각자의 마음속에 품고 있는 서사를 바탕으로 살아가고 있기에 우리 삶이 문학치료적인 영향을 주기 때문에 문학치료학을 개발하고 연구 발전되어 온 것입니다.

이상의 정의를 살펴볼 때 문학치료는 문학과 독자의 상호작용에서 이루어진다는 점. 상호작용은 구체적으로 감상과 창작 과정이라는 점. 그리하여 독자의 정서적 건강을 회복하거나 유지할 수 있다는 점. 이는 예방과 치료의 차원으로 분류할 수 있다는 점으로 요약할 수 있습니다.

문학치료의 본질은 심신의 건강이다.

질병을 앓는 환자는 불안하고 쉽게 우울해진다.

스트레스는 면역기능을 떨어뜨려 감기를 비롯해 각종

질병에 잘 걸리도록 한다.

마음과 정신에 상호 감동의 영향을 미치는 문학이 현대의학에 치료법으로 도입되고 있는 이유입니다.

즉 자신을 짓누르는 걱정에 두려움과 분노 긴장 등을 문학적 카타르시스를 통해 건강한 정신과 심리상태를 되찾는 것이다. 라고 말씀드립니다.

1. 문학치료의 원리

1) 동일시(감정이입)

동일시는 작품 인물의 태도나 감정. 행동을 마치 자신의 체험인 것으로 느끼는 작품 속의 인물과 독자 자신을 일체로 생각하는 심리 작용이다.

2) 감정정화

문학치료에서 정화(카타르시스)는 작품 속의 인물의 감정. 사고. 성격. 태도 등에 대한 감상을 표현하면서 구체화된다. (손정표, 2003)

죄책감에 표현하지 못했거나 억압되었던 감정이 인물에 대한 감상. 또는 직접적인 표현을 통해 발산되면서 정서적 해방감을 맛보게 되는 것이다.

즉 자신의 표현하는 감정에 주목하면서 스스로에 대한 인식을 발전시키는 것이다.

작품에 대한 단순한 표현에도 독자의 내면이 투시되기 때문이다.

따라서 소리 없는 고백을 잘 듣고 그 내면을 파악하는 안목이 요구된다고 하겠다. (장희경, 2006)

"의식은 어떻게 몸과 마음의 고통을 이기는 가라는 저 서에서 의식의 혁명을 통하여 사람은 누구나 싫은 걸 억지로 받아들일 때 스트레스가 생기고, 반면 좋은 걸 받아들일 때는 스트레스가 사라지는 것이다.

즉 내면의 잣대를 바꾸라는 것이다. (데이비드호킨스, 2016)

3) 통찰

통찰은 자기 자신이나 타인에 대해서 올바른 객관적 인식을 갖는 것을 의미합니다.

동일시를 바탕으로 정화를 경험하는 동안 독자 자신에 대한 인식을 향상시키기 시작하는 것입니다.

이제까지 정서적 동질성에 의해 감정을 배출하였다면 이질성을 인지적으로 이해하고 구성하는 것은 감정을 조절할 수 있는 힘을 강화하게 되는 것입니다.

이러한 통찰의 경험은 이제까지 왜곡된 사고를 전환시키고 생산적인 행동으로 바꿀 수 있는 기회를 제공합니다.

"문학은 인간의 생각이나 상념을 글로 표현하여 보다 아름답고 풍요롭게 해 주는 인간만이 지닌 소중한 정신문화 소산이다."

여기에 한 걸음 더 나아가 비단 심리치료 뿐만 아니라 인간의 모든 정서적, 육체적 질병에 유기적으로 작용하면서 놀라운 효과를 보일 수 있다. (이철호, 2015)

지금 한국인의 정신 건강은 이성과 감성이 균형을 상실한 부조화를 이루고 있습니다.

인생에서 크고 작은 결정을 현명하게 내리려면 이성과 감성이 모두 성숙하고 조화를 이룰 수 있어야 하고, 그래야 독립성을 가진 인간으로서 지혜로운 판단을 하면서 행복한 삶을 누릴 수 있다는 것입니다.

2. 문학치료의 역사

정신 신체적 건강과 관련하여 문학이 최초로 언급된 것은 그리스인들에게서 찾을 수 있습니다.

그들은 다리가 부러지면 히포크라테스에게 갔지만, 정신적 고통이 있을 경우 아폴로 신전에 가서 빌었다. 또 그리스인들은 자신들의 도서관을 "영혼의 의학"으로 보았다고 전해지며 로마인들도 훌륭한 연설문을 읽는 것을 환자들의 정신적 건강회복 수단으로 간주하였고 합니다.

그 외 아리스토텔레스의 시학에서는 주로 비극을 통한 인간의 예술적인 정화작용에 대해서 설명하고 있습니다.

문학치료의 발전은 1차 대전 동안에 많은 진전이 있었다고 합니다.

사서와 비전문가들, 특히 적십자 봉사단원들은 군 병원에 도서관을 설립하였고, 1964년 미국에서 최초의 문학치료 워크샵이 진행되고 1984년부터 독일에서는 글쓰기와 독서치료협회가 설립되기 시작하였습니다.

3. 문학치료의 이론적 배경

대체의학요법으로 음악치료, 미술치료, 향기치료, 서예, 에어로빅, 자연림의 피톤치드 등 다양한 방법이 제시되고 있으며 심지어 최근에는 서울고등법원 김상준 부장판사가 주도해온 치료사법으로 상담과 양형을 선고하면서 "죄값을 치르는 것도 중요하지만 죄를 짓게 한 병을 치료하는 것이 근원적 처방"이라는 주장이 제기되고 있는 현실은 주목할만 하다. (ex: 가출소녀 판결 등)

건국대 정운채 교수는 문학치료의 많은 연구를 이어 갔습니다. 정운채 국어국문학과 교수가 머물러 있던 문과대 연구동 205호에서는 언제나 은은한 커피향이 배어나게 하여, 제자나 동료들에게 손수 원두를 갈아 커피를 내려주며 고민을 상담했다고 합니다.

그는 사람들의 고민을 문학의 힘으로 진단하고 치료하

는 문학치료학을 개척한 학자였다. (대학논문평가 1위, 문학치료)

또한 "문학이 건강의 보약"으로 치료 효과를 배가시키고 면역력도 높아진다라는 임상실험을 통해 발표하였다. (카돌릭의대 이병훈 교수. 서홍관 박사 중앙일보 2015)

이외에도 영국 보건당국이 "우울증환자에게 약 처방을 하기 전 독서를 권하라."는 방침을 공식적으로 밝힌 바 있다. (치유독서, 박민근 2016)

위와 같이 문학치료는 국.내외적으로 많은 연구의 논제들이 대두되고 있는 것이 현실이지만 그 방법이 문학적 연구자나 또한 의학적 연구자가 합목적 없이 각기 다른 학술로 연구되었다는 것을 부인할 수 없습니다.

1) 프로이드의 정신분석론

인간의 무의식이나 유년기의 경험 등 보이지 않은 영역 속의 것들이 인간의 행동을 결정하는 중요한 요인이 된다고 본다.

그러므로 정신분석이론의 관점에서는 내담자의 과거의 경험이나 무의식 또는 몸의 기억들이 가지는 억압과 화해되지 못한 감정을 우선적으로 분석하는데 초점을 둔다.

2) 칼 구스타프 융의 분석심리학 이론

융의 논문 "초월적인 기능"에서 글쓰기의 효과를 말하

고 있다. 초월적인 기능이란 활발한 상상을 이용한 방법으로써 분석을 수행하는 동안 특정한 상상을 형성하는 형상을 촉진시킬 뿐만 아니라 개별화 과정의 작업으로 이끌 수 있는 특수한 심리치료 방법이다.

그러면 문학치료와 맥을 같이 하는 시 치료, 독서치료, 이야기치료의 개념은 어떻게 정의되고 있는가.

4. 시 치료

시 치료라는 용어를 처음 사용할 때 정신적 질환자나 단순히 시를 읽는 행위만으로는 치료가 되지 않으며 치료사가 환자와의 의사소통에 시를 사용하여 그들이 반응하도록 도와주어야 합니다.
즉 치료사의 촉진활동이 개입되어 내담자 자신의 문제와 욕구를 탐구하도록 돕는 것이라는 점에서 오늘날의 상호작용 문학치료와 같은 의미로 사용되었습니다.
다양한 문학 장르 중에서도 문학을 통한 치료에 있어서 가장 잘 알려져 있고 가장 널리 쓰이는 것이 바로 시 치료입니다.
미국 오바마는 대통령에 당선되고 난 후 정권 인수팀을 구성하고 최악에 빠진 경제 위기를 해결책을 극복하기 위해 동분서주할 때에도 틈틈이 시를 읽었던 것으로 유명합니다.

그는 개막연설을 통해 "우리는 말의 힘을 찬양하기 위해 이 자리에 모였다."며 다음과 같이 덧붙였습니다.

말. 즉 "시는 우리가 아름다움을 알고 고통을 이해하도록 돕는다."

오바마 말처럼, 시는 곧 말입니다.

더욱이 시는 낭송을 통해 더욱 생명력이 살아나고 그 가치와 호소력도 커집니다.

오래전부터 음유시인들이 운율에 맞춰 시를 읊으면 그것을 듣는 사람은 흡사 노래를 들을 때처럼 장단을 맞추거나 따라 하기도 하고 시의 운율에 춤을 추기도 했는데.

프랑스 샹송이 원래는 프랑스 음유시인들이 부르던 시에서 발달한 것입니다.

시는 말이요. 그림은 소리 없는 시라는 말도 있습니다.

시를 조용히 들으면 그 시속에 묘사된 것들이 눈앞에 그림처럼 펼쳐지고, 그림을 보면 그 속에서 시처럼 속삭이는 소리가 들린다는 뜻입니다.

시를 통한 치료를 하고자 할 때에는 내담자가 시의 소리를 잘 듣고 내면의 풍경을 잘 감상하며 그 속에 몰입할 수 있도록 조용하고도 은은한 분위기 속에서 호소력이 있는 목소리로 들려주는 것이 바람직합니다.

서정시가 주는 그 풍부한 감성과 가슴을 파고드는 호소

력, 눈 앞에 펼쳐지는 그림 속 같은 정경, 은은한 비유와 환상적 이미지 드넓은 상상의 세계가 이런 사람들의 마음을 움직이고 다스려 치료 효과를 낼 수 있습니다.

5. 독서 치료

독서치료는 이미 서구에서는 심리치료의 한 방법으로서 널리 활용되고 있습니다.

영국은 2014년 보건당국이 "우울증 약을 처방하기 전에 독서를 권하라." 방침을 공식적으로 내놓았을 정도입니다.

문학가와 의사, 정신분석 전문가들이 함께 선정한 치유서는 베스트셀러에 오르기도 하는데. 하지만 분야간 협업이 활발하지 않은 한국은 독서치료에 대한 인식과 활용이 아직 걸음마 수준이라고 할 수 있습니다.

독서치료는 책과 독자의 상호작용을 통한 다양한 방법으로 정신적 질병의 치료와 건전한 인격형성 및 가치관 확립을 목적으로 하는 활동으로 정의하고 있습니다.

특히 발달적 예방적 독서치료는 독서를 통해 건전한 자아상과 가치관을 정립할 수 있도록 하며 임상적 치료적 독서치료는 정서적 문제 혹은 신경증적 질환의 치료를 돕는 보조요법이라 말하고 있습니다.

6. 이야기 치료

인간이 내면세계의 진실까지 여과 없이 보여주는 순간은 언제일까.

삶과 죽음이 현실로 다가오는 의료 현장이 아닐까 싶습니다.

투병과정이 동서고금을 막론하고 문학이 단골소재로 등장하는 이유는 자신을 짓누르는 스트레스로 병에 대한 걱정과 두려움, 분노, 긴장 등 카타르시스의 심리상태를 되찾는 것입니다.

환자의 치료를 배가시킨다는 문학치료가 최근 각광을 받고 있습니다.

이야기치료는 자신의 삶에 대한 전문가로서의 내담자 자신의 삶에 영향을 미치는 여러 가지 요소들을 다양한 시각에서 바라볼 수 있도록 도와줌으로써 내담자 스스로 자신의 문제 고통을 다양한 시각으로 볼 수 있도록 하고 보다 만족스러운 의미를 찾아 삶에 적응하도록 도와주는 상담 기법이라고 정의합니다.

이야기치료에서 주목되는 것은 내담자에 대한 시각이 자신의 삶에 대한 전문가로 맞추어져 있다는 점입니다.

7. 문학을 통한 성공적인 대화법

현대사회에 말은 사람과의 의사소통뿐만 아니라 원만하고도 좋은 인간관계 유지와 사회적인 성공과도 직결되는 문제로 중시되고 있습니다.

말은 곧 그 사람의 인품, 성격, 심리상태, 교육수준이나 취향, 자라온 환경 등을 종합적으로 보여주는 것이기 때문에 인간관계의 능력이나 심지어 그 환경적 요건까지도 파악할 수 있습니다.

문학작품을 많이 읽거나 자주 써 본 사람일수록 대화에 있어서 소재가 풍부한 것은 물론 다양하고도 수준 높으며 설득력 있는 대화를 이끌어 갈 수 있는 것입니다.

특히 현대는 경쟁사회며 설득의 시대입니다.

따라서 고도의 대화기술을 갖추기 위해서는 문학이 필수적입니다.

문학을 통해 보다 훌륭한 인품이나 인격을 형성하고 보다 깊고 폭 넓은 지식과 지혜를 갖추고 다양한 화젯거리와 설득력이 준비되어 있는 것입니다.

이를 실제 대화를 통해 꾸준히 활용하면서 많은 경험을 쌓는다면 고도의 대화 기술은 자연히 터득하기 마련입니다.

물론 여러 가지 대화의 기술이나 화법, 또는 심리학이

나 심리 트릭에 관한 책들을 많이 읽는 것도 도움이 됩니다.

　더욱이 문학은 외형적으로 말하는 기술을 가르쳐 주는 것이 아니라 그 내면의 쇄신과 성장을 통해 근본적인 능력과 요건을 갖추고 이끌어 주는 역할을 하는 것입니다.

　인공지능 시대에도 문학의 역할은 여전히 중요하다. 문학을 통해 다른 사람의 인생을 사숙하여야 합니다. 문학을 읽지 않는다면 꿈은 어떻게 꾸는가.

　당신의 운명을 바꿔줄 한 줄, 한 문장이 있는가?

※**참고문헌**
정운채 교수 《문학치료학》

서평

자연(숲)에 투사해 그린 자화상
―김종대 시문집 《숲, 나를 그리다》의 사족(蛇足)

김관식(시인, 문학평론가)

1. 프롤로그

김종대 시인의 《숲, 나를 그리다》는 시와 김소월에 관한 연구를 비롯한 4편의 평문을 엮어놓은 그야말로 시문집이다.

그의 시문집을 한마디로 압축한다면, 자연에 자신을 투사해서 언어로 그린 자화상이라고 할 수 있다. 그가 평소에 가보았던 여러 곳의 자연 풍광과 일상에서 보고 듣고 느낀 것들을 소재로 한 시편들이다.

그는 생활 속에서 경험한 자연 사물에 자신을 투사하여 언어로 자화상을 그려내는 작업을 통해 자아를 성찰하고 자기 존재의 의미를 찾아가는 것이다.

그가 자연(숲)에 투사해 언어로 그려낸 자화상을 따라 내면세계를 추적해보고자 한다.

2. 역사적 상상력으로 확장된 자화상

오늘날. 사람들은 자신이 행복하기 위해 물질에 집착하는 등 치열한 생존경쟁으로 치달아 각종 스트레스에 시달리며 살아간다.

도시화로 인해 복잡한 인간관계의 갈등. 심각한 환경오염으로 인한 질병의 증가, 등 산업사회 이후 자연과 인간이 분리되고, 인간이 자연을 지배하고 관리해야 한다는 기계론적 세계관으로 환경오염 문제, 생태계의 파괴가 지속되었으며, 인간은 기계의 부속품처럼 개별화되어 개인과 개인, 개인과 가족, 사람과 사회, 사람과 자연이 별개로 분리되어 살아가고 있다.

따라서 사람들은 나만 잘살면 된다는 이기주의에 빠져들게 되고 공동체 의식이 점차 사라지게 되었다. 2020년 코로나 팬데믹 상황이 지구촌을 휩쓸고 간 이후 우리의 생활방식과 사고방식은 더욱 개인주의적인 고립문화로 고착화되어 갔다.

그런 중에도 김종대 시인은 문학을 통해 꾸준히 자아를 찾아가는 작업을 실천하여 시와 소월에 관한 연구와 문학치료 등의 평문을 써왔다.

동서양을 막론하고 사람들은 인간관계망 속에서 자신의 존재에 대한 궁금증을 풀기 위해 부단히 자신이 살아온 과거를 되돌아보고 자기성찰을 하면서 살아왔다.

서양 경우에는 전통으로 인간관계망 속에서 자신의 존재를 독립적·주체적으로 해석하는 성향이 강해왔고, 동양의 전통에서는 상호의존적인 관계 속에서 자아라는 존재의 의미를 탐색해왔다.

자아를 성찰한다는 것은 불교적인 관점으로 보면, 참나를 찾아가는 행위라고 할 수 있을 것이다.

진정 '나'는 무엇이며, 어떻게 존재하는 것이 진실로 '나'로서의 가치를 유지하며 존재할 수 있는 것일까? 하는 화두로 끊임없이 번민하고 살아가는 철학적인 명상의 과정, 이것이 곧 자아 성찰이라고 할 수 있다.

김종대 시인은 자신을 모델로 자연 사물 속에 자신을 투사하여 언어로 그림을 그리는 창작행위를 통해 자신의 실존적인 의미와 자기 정체성을 찾아가고 있다.

모든 예술의 본질이 근본적으로 스스로 자기 탐구와 이해에서 시작된다는 인식을 바탕으로 한다는 점에서 김종대 시인의 자화상 그리기 시 창작의 행위도 그러한 맥락에서 동일하다. 자신에 대한 탐구가 없이는 타인에 대한 이해 또한 제대로 이루어질 수 없는 것은 당연할 것이다.

김종대 시인이 그린 자화상은 한 개인의 차원에 머무는 세밀화라기보다는 통시적인 관점에서 역사적 상상력으로 확장된 자화상이다.

"안개 걷힌 산정이 얼굴을 내밀고/청잣빛 하늘이 열리

는 숲속에/백두대간 넘어오는/한 사내의 거친 숨소리 들리는가"(<백두대간 연가>)처럼 그는 직접 산행을 통해 자연 속으로 뛰어 들어간다. 그리고 마침내 "구름을 이고 물소리를 베고/반도의 숨결 심연에 솟아/이 강산 푸른 꿈을 노래하며 흘러가리라."라고 민족공동체의 삶은 지속될 것임을 통시적인 관점으로 명증한 예언으로 종결한다.

  그의 자화상은 자신의 정체성을 증명해줄 뿌리 의식에서 찾는 것이다.

고구려 용병 말발굽 소리에
만주벌판 길이 열리고
진군의 북소리에 동북 3성이 달려온다

광개토대왕비를 지린성에 세우고
북두칠성 문곳성이 하늘에서 내려와
낙성대에 태어난 강감찬 장군이
영웅적 귀주대첩 전공을 거두니

… 중략 …

일어서라!
범국가적 공론과 학술교류로
발해 유적이 있는 북한과 일본사기
중앙아시아 러시아 연해주 사료까지

자주적 역사의 바로 알기로
민족문화 틀을 세워 가야 하리라
　　　　　　　─〈역사의 숨결은 살아 있다〉

　주변국들이 자기 나라의 입장만을 내세워 역사를 왜곡하는 상황에서 그에 맞서 우리 대한민국도 당당하게 자주 독립적인 우리 역사로 바로잡아야 함을 역설하고 있다.
　이처럼 그의 확고한 역사의식은 수려한 대한민국의 자연환경 속에 존재하는 자신을 발견하고, 그 자연 속에 뿌리를 둔 자신을 투사한다. 그리고서 그 풍광을 언어로 그려내는 그림, 즉 자화상을 그려낸다.
　이러한 작업이 바로 김종대 시인만의 개성적인 시 창작의 방법론이라고 할 수 있다. 따라서 그의 시는 광활한 자연속에서 채취해온 파편화된 자화상이라고 할 수 있을 것이다. 이러한 자화상을 그리는 작업으로 빚어낸 시는 대상화된 자연 사물이 주체가 되고 타자가 된다.
　동시에 언어화된 미적 생산물이자 사유의 대상이 되는 것이다. 나라는 존재를 내가 바라보는 주관적인 존재로서의 나와 자연 사물에 투사하여 그려낸 자화상은 기호 이미지로써 바깥에서 객관적으로 자기를 응시하고 내면의 자아를 탐색하는 자아 성찰의 과정에서 그 의미가 산출된다.
　또한 김종대 시인 자신이 처한 상황에서 문학적 통찰을

통해 조화와 부조화, 균형과 불균형, 화합과 갈등, 친화와 불화, 행복과 고통 등을 발현시키는데, 주체로서의 자신의 존재성을 드러낸다.

 김종대 시인의 자아정체성의 근원지와 시정신의 뿌리를 형성하는 것은 바로 어머니다. 모성의 끈끈한 사랑이 자신을 지탱해주는 원동력이며, 시 창작의 에너지는 물론 동시대를 살아가는 사람들과 즐겁게 공존할 수 있는 기틀을 형성하고 있는 것이다.

  당신이 사랑하신 이 땅
  눈 맑은 초록 잎들이
  오월을 노래하고 있습니다

  당신의 등 뒤에서
  가슴 적시던 그날
  민들레 홀씨 이정표 없는
  먼 곳으로 날아가고 있었습니다

  봄이면 여전히 새들이 노래하고
  여름의 신록과 가을꽃 향기
  동화 같은 순백의 겨울이 와도
  사무치는 그리움은
  당신을 보내지 아니하였습니다

어머니
당신이 계신 그곳은 어떠한가요
그곳에서도 새벽닭 울음소리에 깨어
가꾸실 텃밭이며
꽃밭은 있는지요

—〈어머니〉 전문

어머니는 바로 김종대 시인이 창작행위로서의 문학을 하는 근원지이다.
 그가 언어로 그린 자화상은 무의식에서 나오는 욕망의 신호라고 볼 수 있다.
 정신분석학의 입장에서 보면, 자아뿐만 아니라 세계와 타자 혹은 이웃들 간의 관계망을 통해 그의 잠재된 무의식에서 나오는 욕망의 신호이며, 이것은 타인의 눈길로 포착된 사회 연대의식의 근원으로 대체된 언어라고 할 수 있다.
 융의 무의식은 내가 인지하지 못하는 마음의 세계로 여러 가지 방법으로 자기의 모습을 드러내기 마련이다. 그럼으로써 우리에게 그것을 볼 수 있는 기회를 제공한다.
 따라서 모든 인간은 자기가 원하든 원하지 않든 자신의 무의식을 인식하고 실현하는 능력과 기회를 제공하고 있다.
 원래 투사(projektion)라는 말은 프로이트의 정신분석학의 심리적인 방어기제이다. 방어기제란 사람이 자기의 무의식에서 올라오는 용납할 수 없는 충동에 직면할 때 겪는 불안으로부터 자아를 지키려는 심리 기제를 말한다.

그는 일상의 대인관계에서 오는 갈등과 불안에서 해방되기 위한 돌출구로서 자연 사물에 자신을 투사하여 언어로 자화상을 그림으로써 심리적인 압박감에서 벗어나고자 하는 것이다.

다시 말해서 그가 그린 자화상은 자신이 처한 외적 세계에서 발현된 자의식의 정체성을 드러내려고 하는 경향과 자아의 본질에 대한 내적인 물음으로써 고유한 심층심리를 나타내는 내면적인 거울과 같은 효과를 나타내고 있다.

3. 비유적 언술과 내면세계의 표출

숲은 그의 내면세계의 총체적인 관계망이다.

숲은 생명과 주체적인 자아의 근원지이다. 그는 숲을 시적 대상으로 하여 비유적 언술로 자신의 내면세계를 표출한다. 따라서 시적 언어인 은유와 이미지로 시를 역동적으로 표현한다. 비유적 언어의 대표적이라고 할 수 있는 은유로 자아와 세계의 동일화를 표출하고자 한다. 은유란 이질적인 두 사물의 결합을 통해 두 사물 사이에서 동일성 또는 유사성을 발견하는 힘을 얻게 되므로 은유의 힘을 차용한다.

이 동일성의 발견은 김준오가 《시론》에서 "자아와 세계를 발견하게 하는 일, 사람의 마음과 외부 세계를 결합하고 마침내는 동일화되고 싶어 하는 욕구"를 실현할 수 있기 때문이다.

휘파람새는
숲속의 음반인 양
세레나데를 윤창하고

솔바람은 현을 타듯
숲속의 연주가
녹색 음반에 펼쳐진다

—〈은유의 노래〉 전문

숲속에는 온갖 산짐승들의 보금자리이다. 휘파람새는 물론 여러 새들이 노래하고 여러 산짐승들이 생명활동을 유지하는 숲의 생태계가 형성되어 있다.

그는 숲을 산책하면서 일상적인 자아와 잠재적인 자아를 통합하여 심리적인 안정을 취한다.

시인이 시를 창작하면서 은유를 활용할 때는 먼저 자신과 세계 사이에서 감정이입이라는 절차를 경험하는 과정을 거친다. 그리고 그 경험을 은유로 형상화할 때 독자에게 정서적 공감과 소통이 가능해지는 것이다.

감정이입은 보는 사람이 하나의 인물이나 대상과 동일화되는 과정을 의미하는데, 이 과정에서 그는 자신이 지각하는 신체적인 자세나 행동에 자신이 참여하고 있다는 느낌을 갖게 된다. 사전적인 의미로 감정이입은 비자의적으로 자신을 대상 속에 투사하는 것으로 관찰자 측에서 해석하면 내적 모방의 결과라고 말 할 수 있다.

그런데 이 용어가 심리치료에서는 공감으로 번역된다. 자신을 잃지 않고 타인의 개인적인 세계를 알고 느끼고 공유하며 자신이 직접 경험하지 않고도 다른 사람의 감정과 거의 같은 수준으로 이해하는 의미로 사용되고 있다

그는 동시대를 살아가는 이웃들과 함께 인간적인 정을 나누며 살아가는 평범한 소시민으로서 애환을 이웃들과 같이하며 공감하고 소통하면서 살아가고 있다.

사람이 사람답게 살아가기 위해 문학을 하고 예술을 하는 것이다. 지구상에 존재하는 모든 생명체는 일정한 시간 동안만 생명 활동을 하다가 때가 되면 자기 유전자를 번식시키고 소멸한다. 그게 자연의 법칙이다. 그러나 생명 활동의 지속하는 기간은 사람마다 다르다. 따라서 동시대에 태어나 친분관계를 맺고 살다가 먼저 저세상으로 간 친구를 그리워한다.

가슴을 파고드는 그리움이
가을 하늘에 물들어 간다.

들길에 망초꽃
하얗게 피는 계절
스쳐 가는 바람에도
가슴을 삭히더니

영혼만 남겨두고
속세의 인연을 놓아버린
친구야!

… 중략 …

이생에 남겨둔 여한일랑
갈랫길 여정에서 푸시게나
긴 영면으로 잠든 친구여
고이 쉬시게

―〈천상의 친구에게〉 일부

모든 생명체의 생명은 유한하다.
 사람이 태어나서 죽을 때까지 일생을 살아가면서 사람답게 선행을 실천하면서 살아가는 사람을 성자라 한다. 대부분은 자기가 살아온 습성대로 살아가기 마련이다.

살아가는 동안 부와 지위를 누리며 살아가는 사람이 있는가 하면 가난 속에서 고통을 받으며 살다간 사람 등 다양하게 살다가 죽음을 맞이한다.

천수를 누리고 살다간 사람이 있는가 하면 각종 불의의 사고로 일찍 죽는 사람들도 있다.

불교에서는 인간 개개인이 직접 실행한 행위와 행위의 결과에 따라서 끊임없는 윤회를 한다고 믿는다. 살아가면서 생로병사, 고통의 삶을 되풀이하다가 죽음을 맞이한다고 한다.

이러한 윤회의 고통에서 벗어나기 위한 해결책은 삼라만상의 진리를 깨달아서 윤회의 사슬을 끊는 것이라고 말한다.

그러므로 불교에서의 구원이란 절대적인 신에 의지하는 것이 아니라 인간 개개인의 자유의지에 의한 해탈이라고 주장한다.

살아가면서 자기보다 불쌍한 사람에 대한 측은지심을 갖고 실천하며 살아가는 것이 인간답게 살다 가는 바른 길이다. 그는 천형인 나병으로 고통받는 사람들이 사는 소록도의 모습을 "갈매기 울음소리/귓전에 젖는데//생의 촛불 하나/기도할 수 없는/멍울진 눈망울//빈혈기 어린 햇살이/머문다//댓돌 위에/하얀 고무신 한 켤레…"(<소록도의 기도>), 그리고 "찾는 이 없는 추모비/목백일홍은/눈시울만 붉혀 있네//수용소 담쟁이 벽을 지나/중앙공원에 이르니/

능수매화 노니는 하얀 나비/뉘의 애처로운 넋이런가"(〈소록도〉) 등과 같이 언어로 생생하게 소록도의 풍광을 그림을 그려내어 측은지심을 환기하는 등 과거의 생활문화를 소재로 시를 빚는다.

> 그리움으로 걷는 옛길
> 성긴 마음에 아득히 남아 있는
> 토담의 수채화
> 얼룩진 기억도
> 모두 그리움인 것을…
>
> ―〈옛길〉 전문

누구나 과거는 미화되기 마련이다. 과거에 견딜 수 없는 고통스러운 순간도 지나고 보면, 눈길을 걸어온 발자국처럼 선명하게 클로즈업되고 그리움의 정서로 남아 가슴을 아리게 하는 것이다.

김종대 시인은 지나간 경험 속에서 잊히지 않는 자연 사물과 풍광을 반추하며 비유적 언술로 그림을 그리듯이 자신의 내면세계를 수채화로 그려내 감동을 자아내고 있다. 따라서 그의 시는 대부분이 그리움과 애절함, 허무함과 쓸쓸함의 정서가 일관되게 흐르고 있다는 점이 김종대 시인만의 시적인 특성이다.

4. 잘못 기술된 김소월 연구 바로잡기 실천

김종대 시인은 그가 평소 존경하는 김소월 시인에 대해 잘못 알려진 사실을 바로잡기 위해 솔선하여 김소월에 관한 연구논문과 인문학 성찰의 중요성, 문학을 통한 남북교류 문제, 문학치료에 관한 평론 등을 묶은 시문집 《숲, 나를 그리다》을 펴냈다. 모두 문학의 중요성을 일깨우고자 하는 의도요, 유명시인에 대한 바른 이해를 돕고 끊임없이 문학에 관한 연구를 실천하려는 의도에서였다.

김소월은 32년의 짧은 생애를 살다가 시인지만 그의 시에 대한 연구논문은 수천 편이 넘는 남북한 모두 추앙받는 시인이다. 〈진달래꽃〉, 〈엄마야 누나야〉, 〈산유화〉, 〈초혼〉, 〈접동새〉 등 그의 많은 시가 노래로 불리는 등 시공을 초월하여 지속해서 사람들의 사랑을 받고 있다.

서울대 사회과학연구원 이지순의 〈김소월 개념의 전유와 분단-남북한 문예사전을 중심으로〉라는 논문에 의하면, "김소월은 남북한 모두에게 민족시인으로 호명됐다.

그러나 자세히 들여다보면 북한에서의 김소월은 애국적 시인, 저항시인, 향토 시인, 즉흥시인, 인민적 서정시인, 사실주의적 시인, 비판적 사실주의 경향의 대표적 시인, 진보적 시인 등의 라벨을 달고 있다.

이 라벨의 일부는 남한의 독자들에게는 낯설고 이질적

이다. 우리에게 익숙한 호칭은 민요시인, 서정시인, 국민시인, 한의 시인, 여성적 정조의 시인 등이다. "남북한 모두 극찬을 받는 시인이다."라고 극찬을 하고 있다.

 이러한 김소월 시인을 김종대 시인이 연구하여 평문을 쓴 까닭은 벽초 선생의 딸과 김소월이 혼인했다는 터무니없는 이야기를 사실확인 절차도 없이 연구자들이 받아들일 우려때문에 이를 바로잡고자 김소월을 연보와 홍명희 연보를 비교하여 시기적으로 전혀 맞지 않았다는 사실과 벽초와 김소월이 태어나고 활동한 공간적 배경, 사회적인 활동의 영역 등을 소상히 밝혀 전혀 사실무근임을 명확하게 증명하여 김소월을 연구하는 후학들이나 향수자들에게 벽초와 관계가 전혀 없음을 알리는 등 김소월의 전기적 사실을 바로 잡고자 하는 의도에서라고 할 수 있다.

 오늘날 거짓 정보를 생산하여 인터넷상에 퍼뜨리는 사람들이 종종 있다.

 이런 진실이 왜곡하는 일은 없어져야 하지만, 학문연구에서도 연구자들이 출처가 불분명한 정보를 잘못 인용하거나 허위 사실을 유포하게 되면 많은 사람에게 영향을 미치게 됨을 깨닫고 신중해야 함을 실증적으로 보여준다고 하겠다.

 한 인물에 대한 평가도 기술하는 사람의 관점에 따라 그 업적의 평가가 상이하게 다르게 기술되는 사실을 우리는 경험해 왔다.

예를 들면, 일제강점기, 일본 측을 두둔하는 역사학자들이 식민지 역사관점으로 역사서를 집필하여 역사적 사실를 일본을 침략을 교묘하게 정당화하는 등 우리나라의 주체적인 역사를 왜곡시켜왔다. 한번 왜곡된 역사로 많은 사람이 받아들이게 되면 좀처럼 왜곡된 역사 인식이 바뀌기 어렵게 됨을 우리는 경험하였다.

다시는 가짜뉴스 같은 터무니없는 정보가 학문의 영역에서 버젓이 자리를 잡는 일은 없어져야 마땅하다.

김종대 시인은 김소월의 연보에 엉뚱하게 벽초 선생과 전혀 관계가 없음에도 터무니없는 정보를 생산한 연구자의 무사안일한 자세에 대해 자성을 촉구하며 김소월의 전기적 사실을 바로잡고자 그의 시문집에 김소월 평전을 게재한 것이다.

5. 에필로그

김종대 시인은 진실로 문학인의 삶을 실천하며 살아가는 인간미가 넘치는 시인으로 알고 있다. 그가 이번에 발간하는 시문집 《숲, 나를 그리다》라는 자연, 즉 숲에 그린 자화상이다. 조선 시대 유명한 화가 공재 윤두서가 그린 자화상은 국보가 되었다.

그가 그린 자화상은 보는 사람이 똑바로 바라볼 수조차

없으리만큼 화면 위에 박진감이 넘쳐난다. 그리고, 자신과 마치 대결하듯 그려놓은 자화상으로 우리나라 초상화에서 그 유례를 찾을 수 없다는 평을 받고 있다.

　김종대 시인은 마치 윤두서의 자화상이 예리한 관찰력으로 그림으로 그려낸 것과 같이 자연 사물 속에 자신을 투사해서 언어로 그려놓은 자화상이라고 할 수 있다.

　현대시와 현대시 이전의 고대 가사, 근대시 등과의 구별 점은 바로 언어와 노래가 결합하였느냐 언어와 그림이 결합하였느냐는 하는 데서 명확하게 구별된다.

　우리나라에 현대시가 도입될 때 현대시 이전의 노랫말의 성격인 시가들이 모두 사라졌다, 정형률에 얽매여 음악적 효과를 내던 것들이 사라지고 오직 시조 장르만 오늘날까지 그 명맥을 유지하고 있다. 현대시를 실험하는 과정에서 외국의 다양한 문예사조를 수용한 실험이 행해졌고 본격적으로 현대시로 체질이 바뀐 분수령을 1930년대 시문학파의 순수시와 모더니즘의 시부터라고 할 수 있다.

　김소월은 낭만주의적 경향의 시를 쓴 시인으로 한국인의 사랑을 가장 많이 받은 시인이었다.

　김종대 시인은 소월 시풍의 낭만적인 정서를 그대로 살리면서 그림과 이미지로 구성되는 현대시의 시작법을 수용하려고 노력한 시인이다. 그리움이나 애틋함 등 감성적인 관념적인 시어를 사용하여 과거 생활 경험과 정서를 환기시키는 현대시다운 서정시를 쓰고자 노력하는 시인이다.

김종대 시인은 자연(숲)을 시적 대상으로 하여 자신을 자연에 투사하여 자아를 인식하고, 그 모습을 그림을 그리는 마치 자화상을 그리는 화가처럼 시로 빚으며 낙천적으로 세상을 살아가는 시인이다.

그의 유유자적하고 호방한 여유와 문학에 대한 열정으로 시문집 《숲, 나를 그리다》 발간하는데 사족(蛇足)을 붙이게 되었다.

시문집 발간에 축하를 보내며 문인에 대한 잘못된 전기적 사실 바로잡기에 솔선하는 그의 열정과 후학들에게 시 창작 강의를 하며 시인들의 발표 무대를 제공하는 등 문학적 성장을 돕기 위해 문예지 《메타문학》을 발간하는 발행인으로서 그의 열정에 깊은 찬사를 보낸다.